许玲燕：
江苏省苏州市吴江经济技术开发区
长安实验小学教师，
习课堂骨干教师。

钟少秀：
四川省成都市天府第四中学校教师，
四川省骨干教师，
成都武侯区学科带头人。

刘丹梅：
四川省彭州市延秀小学教师，
成都市骨干教师。

樊小圆：
江苏省苏州市吴江经济技术开发区
长安实验小学教师，
苏州市学科带头人，
著有《教师写作与教育奇效》
《作文革命：你应知的12个细节》。

孙鹏：
河南省郑州市金水区一八小学教师，
2021年郑州市基础教育精品课大赛
一等奖获得者。

梁迎春：
山东省青岛西海岸新区
江山路第一小学教师，
山东省教学能手，水城名师，
著有《小学语文教学实用策略》。

张登慧：
重庆市万州区电报路小学教育集团
江南小学教师，
著有《下辈子还教作文》。

范天蓉：
江苏省苏州市吴江经济技术开发区
天和小学教师，
著有《我的作文教育故事》
《范老师教你写心理》。

孙志颖：
河北省保定市冀英第四学校教师，
保定市作家协会会员。

王佳：
江苏省苏州市常熟市凯文小学教师，
常熟市学科带头人。

潘非凡：
江西省鹰潭市余江区第七小学教师，
余江区名师，
著有《一起写作》
《作文：教在"学"的起点》。

家常课对谈

管建刚 等著

海峡出版发行集团｜福建教育出版社

图书在版编目（CIP）数据

家常课对谈/管建刚等著 . —福州：福建教育出版社，2022.7（2023.9重印）
ISBN 978-7-5334-9358-5

Ⅰ．①家… Ⅱ．①管… Ⅲ．①小学语文课－课堂教学－教学研究 Ⅳ．①G623.202

中国版本图书馆 CIP 数据核字（2022）第 074711 号

Jiachang Ke Duitan

家常课对谈

管建刚　等著

出版发行	福建教育出版社
	（福州市梦山路 27 号　邮编：350025　网址：www.fep.com.cn）
	编辑部电话：0591-83726971　83727542
	发行部电话：0591-83721876　87115073　010-62024258）
出 版 人	江金辉
印　　刷	福州报业鸿升印刷有限责任公司
	（福州市仓山区建新镇建新北路 151 号　邮编：350082）
开　　本	710 毫米×1000 毫米　1/16
印　　张	11.75
字　　数	174 千字
插　　页	2
版　　次	2022 年 7 月第 1 版　2023 年 9 月第 2 次印刷
书　　号	ISBN 978-7-5334-9358-5
定　　价	29.00 元

如发现本书印装质量问题，请向本社出版科（电话：0591-83726019）调换。

目　录

1　　　序　习课堂：一种普遍适用的课堂教学模式/彭家福

第一章　对谈习课堂一年级
1
对谈者：许玲燕　管建刚

第二章　对谈习课堂Q币
16
对谈者：钟少秀　管建刚

第三章　对谈习课堂激励
31
对谈者：刘丹梅　管建刚

第四章　对谈习课堂示范
45
对谈者：樊小园　管建刚

第五章　对谈任务单正确率
59
对谈者：孙鹏　管建刚

第六章　对谈任务单讲评
75
对谈者：梁迎春　管建刚

97   第七章　对谈习课堂节奏
　　　　对谈者：张登慧　管建刚

113   第八章　对谈习课堂时间管理
　　　　对谈者：范天蓉　管建刚

129   第九章　对谈习课堂奖励题
　　　　对谈者：孙志颖　管建刚

143   第十章　对谈习课堂复习
　　　　对谈者：王佳　管建刚

157   附　对谈习课堂蝶变
　　　　对谈者：潘非凡　管建刚

170   后记　限制与创造

序

习课堂：
一种普遍适用的课堂教学模式

彭家福 博士

习课堂是否普遍适用，要回答五个问题：第一，习课堂是什么？也就是说，如何给习课堂下一个普遍适用的定义。第二，习课堂有什么基本特征？一节课设计成什么样子、上课上成什么样子，具备了哪些基本特征，这节课就可以视为习课堂。第三，各学科如何开发习课堂课例？第四，习课堂能否从理论上解答教师们提出的各种疑问？第五，习课堂的实效性如何？

一、习课堂的概念

习课堂的"习（習）"字，从甲骨文字形来看，它的上边是羽毛的"羽"字，表示鸟振动翅膀，下边是个"日"字，表示太阳，合起来表示"鸟在阳光下实践飞翔，飞翔本领日有所进"的意思。也就是说，鸟的飞行本领要靠它自己的主动活动，靠它自己振动翅膀才能获得。同样道理，学生学习，也要靠学生自己的主动活动才能获得知识。

根据各个学科学习规律的不同，习课堂的"习"在不同学科有不同的内容。在语文、政治、历史、地理这些文科课堂教学中，学生的"习"主要就是学生自己读书、背书和动笔写作业；英语等外语学科的"习"主要是听、说、读、背、写；数学、物理、化学、生物这些理科的"习"则包括了读、背、写、实验、实践等。

习课堂有两个最明显的特征，一是时间驱动，二是任务驱动。此外，习课堂一节课所追求的教学目标和原有的课堂明显不同，习课堂一节课追求对基础知识的熟读记忆和熟练应用，以学生"习会"为目标；而原有的课堂以学生的"学了"为目标，"习"的任务放在课外。

因此，习课堂是一种以时间和任务驱动的，以学生的读、背、写、听、说、实验、实践等主动活动为获得知识的主要方式，并且重视在课堂上对基础知识进行熟读记忆和熟练应用的课堂教学模式。

二、习课堂的基本特征

习课堂具有任务驱动、时间驱动、个别辅导、重视激励、即学即记、即学即用、精准讲授等七个基本特征。一节课只要具备了这七个基本特征，这节课就可以视为"习课堂"。

（一）任务驱动

习课堂一节课的学习内容通过设置任务单来体现，教师启动一个接一个的学习任务完成一节课的教学。

（二）时间驱动

人的任何活动都离不开环境，学习更是如此。习课堂为任务单的各项子任务设置倒计时的小闹钟，倒计时开始，全体学生全身心投入学习。此外，小闹钟精准地控制了教师"教"和学生"学"的时间，教师的组织、管理、激励和示范的时间约占30%，学生自己学、自己习的时间约占70%，其中全体学生参与学习的时间约占60%。

（三）个别辅导

由于全体学生全身心投入学习，教师可以腾出时间马不停蹄地个别辅导学生。基本上，习课堂用于学生自主学习的时间有多少，教师个别辅导学生的时间就有多少。

（四）重视激励

习课堂重视激励学生，教师及时肯定学生的努力付出，及时肯定学生的学习进步和学业成就，充分调动学生的学习积极性。

（五）即学即记

习课堂重视读书记忆，通过读书、背书把新学知识记牢固。一部分记忆力好的同学在课堂上就能把应该记住的知识背诵出来；另一部分同学也差不多能背诵了，就更愿意在课余时间再付出努力去把它背熟。长此以往，学生见书就读、见书就背的学习习惯自然养成。

（六）即学即用

习课堂普遍设置了体现"即学"与"即用"关系的互相关联的子任务，"即学"的知识为"即用"的训练题目提供了知识铺垫和原理指导。

（七）精准讲授

讲授法是教学方法之母法，其他任何一种教学方法都和讲授法相伴共生。教师讲授的位置可以在讲台，也可以走到学生中央；既可以面向全体学生讲授，也可以在个别辅导学生时讲授。相比而言，在学生个体遇到学习困难时进行个别辅导，这时候的讲授更为精准有效。习课堂精准控制了教师"教"的时间，这就对教师课前做好讲授准备提出了更高的要求，也就是说倒逼老师从"讲授"转向"点拨"。

三、各学科习课堂课例开发的基本路径

（一）基本路径

各学科习课堂课例开发，遵循"习课堂基本特征＋学科有效教学方法"的基本路径。习课堂基本特征和某个学科原有的有效教学方法的有机融合，就成为某个学科的"习课堂"。

因此，开发某个学科的习课堂，要牢牢把握两个方面，一是要体现习课

堂的基本特征，二是要体现这个学科原有的有效教学方法。可以说，在具备了习课堂基本特征的基础上，习课堂就是一个筐，这个学科原有的一切有效教学方法都可以往里装，所有学科都可以开发出符合本学科教学特点的习课堂。

我们的教研教学团队就牢牢把握习课堂课例开发的基本路径，先后开发了小学英语习课堂和小学数学习课堂。然后，参照小学语文、英语、数学习课堂的开发路径，一些中学也陆续开发各个学科的习课堂。

（二）英语、数学习课堂课例开发

1. 英语习课堂课例开发

参照语文习课堂的做法，英语习课堂一节课也设置四个学习子任务，分别安排听、说、读、背、写等方面的学习内容。任务一与任务二的内容，以及任务三与任务四的内容密切呼应，前一任务是学习新知识，后一任务马上对新学知识进行应用训练，体现了"即学即用"的关系。我们开发英语习课堂关键的一点体会是，要敢于打破英语学科原有的教学流程。例如，英语阅读课原有的基本教学流程分为"阅读前""阅读中"和"阅读后"三个环节，我们把这三个环节的流程打破，把"阅读前"这个教学环节去掉，任务一直接从"阅读中"的教学内容开始。

2. 数学习课堂课例开发

在数学习课堂课例开发中，在体现习课堂基本特征的基础上，我们把符合数学学科教学特点的实验、实践、板演、交流展示等教学方法都一一保留；凡是数学教材中要求学生观察、实验、探究实践的教学内容，都在数学习课堂中一一落实。数学习课堂一节课设置的学习任务不限于四个，根据具体教学需要而定。前后两个子任务之间的关系也不限于"即学即用"的关系，还体现由浅入深，从巩固训练到提升训练的铺垫递进关系。

此外，根据口头传授知识信息容易丢失的特点，原则上凡是教师讲授的知识，都在任务单中设置同步的书面训练题目，实现口头传授和书面训练同步落实的"双保险"。

（三）其他学科习课堂课例开发

政治、历史、地理这些文科类学科习课堂课例开发的路径和语文学科类似，一节课一般设置四个学习子任务，分别安排读书、背书和动笔训练等方面的学习内容。

其他外语学科习课堂课例开发的路径和英语学科类似，一节课一般设置四个学习子任务，分别安排听、说、读、背、写等方面的学习内容。

物理、化学、生物这些理科类学科习课堂课例开发的路径和数学学科类似，一节课设置若干个学习子任务，分别安排读、背、写、实验、实践等方面的学习内容。

四、习课堂背后的理论

习课堂是一种符合教育基本理论的教学模式，在习课堂实践中，教师们也向我反映了一些困惑，以下是我在解答困惑中所用到的理论。

（一）教学效能理论

有老师说，我原来的教学方法已经和习课堂差不了多少，仅有某些方面没有做到习课堂这么精细，有没有必要用习课堂？

回答这个问题，要引入教学效能改进的理论。教学效能指达成教学目标的程度。教学效能改进要求我们不断辨别出对达成教学目标正相关的每一个因素，并且在课堂教学中逐一落实这些因素。与原有的教学模式相比，习课堂增加了很多能让教学效能改进的因素，包括重视管理、时间驱动、任务驱动、营造环境、精准教学、激励学生、个别辅导、牢固记忆、熟练运用、高度参与、即学即记、即学即用，等等。《中庸》说："君子尊德性而道问学，致广大而尽精微，极高明而道中庸。"习课堂所追求的就是一种"致广大而尽精微"的课堂教学境界。《道德经》第六十三章说："天下难事必作于易，天下大事必作于细。是以圣人终不为大，故能成其大。"圣人一辈子不做大事，但最终成就了大事。教师欲在课堂教学上做出好成绩，就必须从教学效能改进的点点滴滴做起。

(二)素质教育理论

有教师问,习课堂最明显的特点就是学生考试很容易出成绩,习课堂是否是"应试教育",是否与素质教育背道而驰?

答案是:习课堂是一种符合素质教育要求的课堂教学模式。

首先,习课堂培养了学生课内课外爱学习、守纪律、奋发有为的良好品德,是立德树人的课堂。

其次,习课堂能够很好地落实国家学科课程标准的知识能力目标要求。人的全面素质包括知识、能力、个性、品德、体质等多方面,知识素质是人的核心素质之一。其中,语文、英语、历史、地理、道德与法治等学科落实学生的人文科学知识,数学、物理、化学、生物等学科落实学生的自然科学知识。习课堂使学生牢固掌握了这些学科知识,也就牢固地发展了学生的知识素质。有教育,必有教育评价,而考试是最常见的教育评价方式之一。同样,有考试必有应试。教育、教育评价、考试、应试,这些概念都是中性的,既不是贬义,也不是褒义的。

再次,习课堂把原来课堂教学模式中的课外作业设计进了课内的任务单,实现了不做或者少做课外作业,符合当前国家减轻课外作业负担的政策要求。

最后,习课堂是一种高效的课堂,节省了原来课堂中的一些低效、无效教学时间,用更少的课时就可以达成原来的教学目标任务。节省出来的课时,一方面可以用来拓展学科知识,另一方面可以用于更好地落实学生德智体美劳"五育并举"。

所以说,习课堂是一种促进学生全面素质发展的课堂。

(三)玛格丽特·米德的文化传承理论

习课堂中,老师教得少,主要的时间交给学生自己学,到底学生有没有这样的自主学习的能力?

回答是肯定的。

美国学者玛格丽特·米德(Margaret Mead)认为,全部人类文化传承可划分为三种基本类型,即前喻文化(pre-figurative culture)、同喻文化(co-figurative culture)和后喻文化(post-figurative culture)。前喻文化,是指后辈向前辈学习的文化；同喻文化，是指学习发生在同辈人之间，是前辈和后辈同时学习的文化；后喻文化则是指前辈反过来向后辈学习的文化。

21世纪的社会已经进入了成人与青少年共同发展、平等相待的历史时期，即玛格丽特·米德所说的同喻文化，并将继续向后喻文化发展。信息时代，借助多媒体技术手段，实现了新知识对所有人无差别的同步传播，青少年拥有了更多获取知识的途径，青少年影响成年人的趋势越来越明显。因此，当代的青少年学生，已经有了不亚于成年人的自主学习能力。时代在发展，教师要主动调整教学方式，要重新确认自己是课堂教学的组织者、设计者、运营者、激励者的角色。

习课堂提升学生成绩有三大关键因素：①把课堂学习时间交还给全体学生，是整体提升学生成绩的关键因素；②课内就完成了原来教学模式中的课外作业，学生有了更多时间拓展知识，是大面积培养优秀生的关键因素；③课内大量的时间个别辅导学生，是大面积减少后进生的关键因素。

（四）教育人类学理论

不管讲了习课堂多少好处，还是有老师不放心。老师们原来的课堂教学环节主要是复习旧课、引入新课、讲授新课、总结、练习五环节，还有一些课堂融合了探究教学法、小组合作学习法，等等。这些教学环节、教学方法，老师们都很熟悉。但是，习课堂的教学环节、教学方法是不是太简单了？一节语文课下来，学生都在读书、背书、做作业。这样做，到底行不行？

这个问题要说清楚，牵涉到教育人类学的理论。教育人类学关注不同文化背景下人的教育。"美国教育人类学之父"斯宾德勒（Spindler）经过对比研究发现，德国的课堂呈现出很强的教师中心倾向和标准化的期望；而美国的课堂则呈现出较为松散的结构，教师在与学生的互动中更多扮演的角色是促进者，以挖掘孩子的最大潜能。随后，斯宾德勒请两国的教师、学生和管理者播放自己班级和另一个班级的录影带，并请他们作出回应。结果发现，德国教师认为美国课堂松散无纪律，而美国教师认为德国课堂呆板、学生自主性受到抑制。

以上这个教育事实提示我们，德国有适合德国人的课堂，美国有适合美国人的课堂，中国也要有适合中国人的课堂。新中国成立之后我国课堂教学模式是引进苏联的，苏联又是学习德国的，改革开放后我们又引进融合了美国"探究教学"的元素，但唯独缺了我国原本就有的教学模式。

我国传统教学模式：一是读书；二是做作业。凡中国的父母在家中叫孩子学习，都是叫"孩子，读读书吧""孩子，做做作业吧"。这就是《周易》所说的"百姓日用而不知，故君子之道鲜矣"。传统的真正的"学习之道"已经融合在老百姓的日常生活中，而大多数的教师却已经很少在课堂教学上使用这种"学习之道"。习课堂让已经流失在老百姓日常生活中的"学习之道"重新回归课堂，它是一种符合中国孩子学习特质的课堂。

（五）教师的管理者角色

教师在课堂教学中的管理者角色，这个问题，管建刚老师已经讲了很多，在这里还是要重复一下。因为在实际工作中，有同事问我，一些老师已经采用了习课堂的任务驱动、时间驱动的方法教学，班上还会有学生在捣乱，纪律还是管不了，是不是习课堂对一些纪律差的班也是没有办法的。这时候，我往往笑着回答，这些老师上的是假的习课堂，原因就是这些老师的课堂缺少了管理。

在过去，教师的角色是传道、授业、解惑者。在现代班集体教学的背景下，一些班上会有一些顽劣的学生在捣乱，教师仅仅传道、授业、解惑还不够，还要加上一个管理者的角色。

一项工作，如果你一个人就能够完成，就不存在管理。因此，管理学家唐纳利认为，管理就是调动两个或两个以上的人的积极性，来完成你一个人完成不了的目标任务。教师上课，走进教室，需要调动几十名学生的积极性，去完成学生们的学习目标任务。所以，教师是一个承担着艰巨管理任务的管理者。

管理学家法约尔（Fayol）则认为，管理由五项要素组成：计划、组织、指挥、协调和控制。在习课堂中，计划环节就是教学课件和师生任务单的设计环节。组织、指挥、协调和控制环节由教师在课堂上实施。为了教师能够全力在课堂上做好管理工作，习课堂对教师的备课提出了更高的要求，教师要提前熟悉教材、课件、任务单，以便在课堂上能够全力以赴监控学生。此外，使用激励印章和管理口令，充分调动学生的学习积极性。

传统课堂，教师往往只顾讲授知识，无暇顾及管理。在习课堂上，教师作为管理者的角色是极忙的，忙着启动一个接一个的学习任务，忙着监控学生纪律，忙着激励，忙着个别辅导。

（六）以"熟习"为目标的教学

美国当代著名教育家和心理学家布卢姆（B. S. Bloom）的教育目标分类理论把对知识的操作加工分为记忆、理解、应用、分析、评价、创造等六种认知类型，其中记忆是其他五种认知活动的基础。离开了记忆，其他五种认知活动无法进行。只有牢固记住的、熟练习得的知识，才是真正为学生掌握的知识。

我和罗定的老师去珠三角的名校听一节语文课，听完课后，我叫罗城中心小学校本部的陈深惠副校长作一下对比：假如我们用习课堂上课，完成教学目标的情况和这节课有什么差异？陈校长说，这个课时有三个主要的教学目标，现在听的这节课，大部分学生基本上学会了三个教学目标要求掌握的知识，但是知识掌握不牢固，部分学生连学会也达不到；假如用习课堂上这节课，学生学会这三个教学目标要求掌握的知识是完全没问题的，而且接近一半的同学能牢固记住这些知识并能熟练运用，其他同学课后稍微用功也能记住和熟练运用这些知识。

听了陈校长的话，我恍然大悟，明白了为什么习课堂对提高学生成绩特别有效。传统课堂的一节课以"教了"为教学目标，课堂时间大多用于"教"学生新知识，但学生对新知识没有牢固掌握。而习课堂一节课追求的目标是"熟习"新知识，"学了"为学生的"熟习"服务，"学了"只是走向"熟习"的必经环节，不是重点环节，"熟习"才是重点。

对于当下的课堂教学，听得比较多的一句话是"教了，不等于学了；学了，不等于会了"。对于习课堂，还要在后面加一句"会了，不等于'熟习'了"。

（七）学生的共性和个性

有老师问，习课堂上，全体学生一起读书，一起背书，一起动笔做题，这样的课堂会不会压抑了学生的个性？

习课堂是一种既照顾学生共性，也兼顾学生个性的课堂。

课堂教学中学生的共性，主要指一节课中教师为全体学生预设的共同的学习目标任务。课堂教学中学生的个性与共性相对而存在，是指学生个体超过了或达不到共同学习目标任务的要求。

习课堂面向全体学生设计了学生齐齐参与的共同的学习任务，通过有效管理手段充分调动学生积极性，使全体学生最大程度地达成共同的学习目标任务，最大程度地照顾到学生的共性。

此外，习课堂的每一节课都为优秀生设置了奖励题，激励优秀生拓展知识；在全体学生紧张做任务的时候，教师及时辅导学习遇到困难的学生。因此，习课堂最大限度地照顾了全体学生的个性。

（八）学生的思维训练

有些老师说，习课堂上，学生呆读、呆记、呆做，妨碍了学生思维的发展。尽管这个问题管建刚老师也反复作了解答，但在工作中还是会经常遇到老师提这个问题。

正好和前面老师说的相反，习课堂是能够很好地训练学生思维能力的课堂。

思维能力，翻译成英文是"thinking ability"，意思是思考能力、想问题的能力。首先，学生读的知识、背的知识，以及应用训练的知识都具有思维含量。古希腊有"知识就是美德""知识产生理性"这样的命题，知识之中包含理性思维。日本"21世纪型能力"的核心素养结构是同心圆型：内核是基础能力，中层为思维能力，最外层是实践能力。"21世纪型能力"用三个圆表示三种能力的关系，基础能力支撑着思维能力，而实践能力则引导着思维能力。同时，这三个圆是重叠的，这意味着基础能力、思维能力和实践能力不是孤立存在的，都是相互依存的，无论何种课程，都要共同体现这三方面能力。因此，学生系统学习知识的过程，也是系统训练思维能力的过程。

其次，并不能说口头思维训练能训练学生的思维，而书面思维训练不能训练学生的思维。为了突显思维能力培养在学科学习中的重要地位，习课堂任务单合理设置梳理归纳知识的思维导图或思维图题目，以及设置分析、评价、创造等高阶思维认知类型题目。此外，习课堂动笔训练的题量远大于传统课堂，有利于设置难易梯次分布更合理，形式和内容更多样的思维能力训练题目。比起充满不确定性的口头问答式训练，任务单中预设的书面训练更全面，更系统，更有深度，逻辑更严密，更能避免信息的失真遗漏，也更有效率。

五、习课堂的实效性

习课堂是只要上一节课就可以验证到其卓越有效性的课堂，其有效性可以通过评价某一课时教学目标的落实程度来确定。

小学语文习课堂效果的情况，已经有很多文章作了经验介绍。

其他学科也陆续反馈了习课堂的成效。有小学英语老师反馈，用原有课堂模式上一节课，当堂听写新单词一般会有10人不合格，用了习课堂之后，不合格的减少到5人。罗定市䓕滨中学英语学科，2021年春季开始用习课堂模式上课，半个学期之后的期中考试，初三英语成绩在乡镇中学排名第一。罗定市培献中学初二数学学科，在2021年的6月中旬开始用习课堂模式上课，期末考试高分层学生110分至满分120分共80人，100分至110分共124人，两个分数段学生人数均在全市学校中排第一。

罗定市䓕滨镇中心小学唐校长说，2021年春季学期，学校语、数、英学科整体推行习课堂教学，期末学科文化素质检测排名，六年级原计划争取三等奖，结果进步到二等奖；五年级原来在乡镇排17名，结果上升到第9名。结果出来之后，自己也不敢相信学生考试成绩进步得这么快，以为搞错了。目前，习课堂正得到越来越多教师的认可。以英语学科为例，一个教师要上几个班的课，一天下来口干舌燥。用了习课堂，教师负担大为减轻。一位老师说："教师教得轻松，学生成绩提高，这么好的模式，为什么不用？"

第一章

对谈习课堂一年级

管建刚： 习课堂强调课堂管理，强调时间管理，强调师生默契。许老师，一年级新生什么都不懂，怎么开展习课堂？

一、翻书准备

许玲燕：

是的，一年级新生什么都不懂，不知道什么叫"报告"，不知道什么叫"题目"，不知道"一"和"1"的区别，不知道什么叫"翻书"……所以，一年级习课堂不用着急，磨刀不误砍柴工，我们先把"刀"磨好，后面"砍柴"就快了。

比如说翻书，大人觉得小菜一碟，对一年级学生真的不简单。

"语文书翻到第 6 页。"半分钟过去了，还有一大片学生在翻书，一分钟过去了，还有小朋友在看同桌翻书，一次翻书就能翻掉两分钟。一节课在翻书上浪费的时间就那么多，那怎么行。

学会迅速、准确地翻书，一年级新生的必修课。

我进行了三次翻书训练。

第一次花了 15 分钟。分四个步骤：

1. 认识页码。一年级新生都不知道页码是什么东西,也不知道在哪。这不是说一下就会的,要训练。翻开书,左右两边的页码都要说:老师说,自己说,相互说,指着页码说。

2. 练习翻书。我说"30页,折角",快速巡视一圈,要求"合拢放在左上角",依旧快速巡视。

3. 翻书比赛。"准备,翻到第30页",一大半学生能快速翻到。再找一页,训练一下,整体翻书的速度快了很多。实在跟不上的,课后单独训练。任务单的页码在中间,练习方式跟翻语文书一样。一点就通的学生,会用直尺插入代替折角,这些学生往往很灵活,能举一反三。

第二次又花了十来分钟。

我发给每位学生一张1Q币的习课堂书签,要求将Q币书签放在对应的页码,再快速翻书。

1. 示范。一年级的学生很少有人知道怎么用书签,薄薄的书签全部夹进书里,起不到书签的作用。我一边示范一边投影讲解:书签放在需要的页码,不能全部塞到书里,下方要露出一厘米。怎么翻才能快速翻到?抬起露在外部的书签,手指穿插进去,翻页。

2. 练习。我指定页码,学生夹书签,翻书。练习中要去关注翻书困难户,说实话,翻书练习中落后的孩子往往也是后面的学困生。一个翻书练习就能让你了解学生的"学习力"。后来,我看到家常课公众号里,一位老师说的磁性折叠书签,买来一用,操作简单,十分有效,有了磁性,不易掉落,能折叠自然就留出一个"小尾巴"。磁性折叠书签也不贵,一个几毛钱。我买了一些,作为习课堂Q币的兑换奖品。

任务单里我请学生夹笔、尺、橡皮。笔、尺、橡皮放在外面,一年级新生容易掉。夹在任务单里,不用担心文具掉落,翻任务单速度快。翻开任务单顺手便拿起笔、橡皮、尺子,不用找文具,节省了时间。

第三次是翻书比赛。

"翻语文书"比赛的要求:

1. 书签放法正确;

2. 翻书速度快；

3. 翻书保持安静。

"翻任务单"比赛的要求：

1. 放书内的文具不掉落；

2. 翻书速度快；

3. 翻书保持安静。

三次训练后，学生的翻书速度可谓"神速"，有的比老师还快。为了不松懈，每隔一两周我们就进行一次比赛，既是巩固，也提醒懒散的学生。

每次上课前，我都会把任务单和语文书所要用到的页码，写在黑板上，如"语：P3；任：P2"。我跟学生解释："语"就是语文书，P3 就是第 3 页；"任"是任务单，P2 就是第 2 页。三四次后就不用再说了。课间写好，陆续回教室的学生看到黑板上的字，马上翻到对应的页码，语文书里放好书签，任务单里放好笔、尺、橡皮，做好课前准备。

管建刚： 翻书、夹书签，大人眼里多么简单的事情，一年级新生眼里都是大事、难事。这就是蹲下身来看学生。这些准备跟习课堂有什么关系？太有关系了。所有课前没准备好的事情，都会占用课堂时间，阻断课堂教学的流畅，降低课堂教学的效益。

二、找题准备

许玲燕：

学会了翻书，还不能开始习课堂教学。一年级新生还不知道什么叫题目，也不知道第一大题是什么，第二小题是什么。认识任务单上的题目，找到任务单上的题目，也是要做的重要准备，不然课上也会凌乱不堪，也会浪费很多时间。

1. 认识任务单上的任务二、任务四。

很多学生不知道哪里是任务二、哪里是任务四，我投影任务单，圈出任务二、任务四的位置，让学生伸出手指，一边读一边指"任务二""任务四"。

读后告诉学生，这下面的内容是要大家写的题目。一两次的引导只对优等生有效，大部分学生还是茫茫然的。所以，一年级新生的前两个月，课件中要圈画出"任务二""任务四"，以便学生尽快找到。

2. 认识题目中"一"和"1"。

汉字"一"，表示大题，它的下面有小题，用数字"1、2、3、4……"表示。我们要把任务单投影给学生看，指着"一、读一读，辨一辨"，学生伸出手指，边读边指。"1"是小题，小题的题目都是跟汉字"一"的要求有关的，如"一"后面的"读一读，辨一辨"，下面的小题都是要你这么去"读"和"辨"的。一定要借助任务单指给学生看，具体的例子是最好的。哪里代表第一大题结束呢？下面出现汉字"二"的时候。

3. 找任务二、任务四下的第几大题、第几小题。

我会投影任务单，带着学生认：这是任务二的第一大题"学一学，写一写"，找到请举手；这是任务二第二大题"读一读，抄一抄"，找到请举手；这是任务四的第一大题中第一小题，找到请举手。然后开始实训，我说"任务二第二大题"，学生找到举手，第一个举手且正确的学生，盖激励章；"任务四，第一大题，第三小题"，第一个举手且正确的，盖激励章。除了关注第一个举手的，还要关注找不到的学生，进行个别辅导。一年级习课堂 PPT 都有任务二、任务四的题目截屏。上课前我们要对 PPT 做一些改动，如，把对应的大题圈出来，大题下面的小题序号标注清晰。个别学生找不到对应题目，看一眼 PPT，也能快速找准。

答题中，还会遇到画线、连线等问题。这也不是小事。一年级的老师要带学生认识直尺和直线。连线题肯定是直线，画线题一年级上学期也以直线为主。"直线"在尺的哪一端是要老师教学生认识的，因为有的尺子一边是直线一边是曲线。如果两端都是直线的，一般请学生用有刻度的那一侧。对了，有的小朋友的直线总是画不直，那是我们没有教学生画直线。尺子平的一面朝下，左手手指张开，不要超过尺的直线那一侧，压住尺，尺和本子紧贴住，右手拿笔稍稍往外倾斜，笔尖贴着尺的直线那一侧沿着尺画线。在本子上反复练习后，再教学生画连线。画连线有两个注意点：一、左右两部分（或者上下两部分）可以放一起的内容，用直线连起来；二、这条线可能是平直线，也可能是斜直线。

管建刚："找题目""画直线"，这些屁大的事情原来在一年级都是让人头大的事情，我这个长期在高年级的语文老师，打死都想不到。一年级新生不要急着上课，这里的"慢"就是为了后面的"快"。

三、口令准备

许玲燕：

一年级的孩子不知道什么叫课堂纪律，习课堂的课堂组织、课堂管理、课堂激励，对一年级来说很实在，很有用。一年级的课堂教学，首先要了解怎样管住这群"皮猴子"。习课堂口令是很好的管理工具，一年级新生怎么用？还是那句话，慢慢来，做好充分的准备。

第一阶段的习课堂口令。

课堂管理口令，要简短易懂，还不宜多。简短易懂的口令好学、好用。如"123，坐神气""小身板，挺起来"，学生学起来快，做起来快，可以多用。还可以用"说看老师，就看老师""说拿书，就拿书""说看黑板，就看黑板"，这个"万能口令"内容简单，指向明确，也好用。至于"书捧起，稍倾斜""拿起武器，准备作战"等口令，先不要教、不要学，以后一条一条渗透。刚入学，课堂管理口令要反复用，多用，一堂课要用好几十次，有的是组织课堂，有的是预防问题。有的学生不听老师读题就写作业，可以喊口令"只听，不写"；听读时有学生会抢读，可以喊口令"说不动嘴，就不动嘴"；指读的时候会有学生把书竖起来，此时"说放平，就放平""说指读，就指读"这两个口令就派上用场了。

第二阶段的习课堂口令。

开学两个月左右，一年级新生逐渐适应小学生活了，口令要作出适当的调整。这个时期"123，坐神气""小身板，挺起来"和万能口令要减少。读书时的"说拿书，就拿书"，也会变成"书捧起，稍倾斜"。经过前段时间的实训，学生已经明白拿起书本朗读时需要稍稍往外斜，新的口令无需训练，他们也能接得住，做得到。坐姿上，我会调整为"抬头、挺胸"，我一边说一边做抬头挺胸很精神的样子，学生也马上懂了。"小眼睛，看黑板"也变成了"眼看、前方"，下达口令时我的手指向需要学生看的地方，口令与肢体动作配合。"抬头、挺胸""眼看、前方"，也是日常整队、路队的必备口令，课堂管理口令和班级管理口令逐渐打通。

习课堂提供的课堂管理口令，属于基本款。实际上，每个班级都会有自己的问题，我们要根据班级情况去创编"班本化"的课堂管理口令。如，我发现班里懒散的学生情不自禁地把手放到桌子下面去，至于做什么，那就什么都有可能了。于是有了"小手在哪里，抱臂在桌上"的口令，我说前半句，学生接后半句，同时做动作。再如，答任务二、任务四，有的学生急躁，擦不干净，于是有了"写字，干干净净、整整齐齐"，我说"写字"，学生接"干干净净、整整齐齐"的口令。PPT上内容多了，有的小眼睛眼神飘了，于是有了连用口令"谁的眼睛最大，我的眼睛最大""大眼睛看哪里？大眼睛看黑板"，学生边接边笑，游离的眼神回来了。这个阶段，多用有针对性的新口令。

第三阶段的习课堂口令。

一年级学生年纪小，有意注意的能力弱，心不在焉的钉子户出现了。

老莫是我们班的大个子，坐最后一排，自认为天高皇帝远，课上比较懒散，经常有气无力的样子，课上爱看桌面、爱看桌肚、爱看手指，不爱看老师和黑板，可顽固啦。早读课比赛开始。"小眼睛，看黑板"，老莫继续看桌面，"小——眼——睛，看——黑——板"，老莫依旧看桌面。评比出了一、二、三名，盖章表扬，意料之中老莫组最后一名，我告诉同学"口令期间老莫没反应，你们组不得章"，一大组的同学的眼神瞬间直逼老莫，老莫终于坐得笔直笔直。课间我听到有学生去质问老莫"你干吗呢！""都是你，老莫""你反应也太慢了"，同学们的"怒火"比老师的批评更有效。第二天早读，继续"小手在哪里，抱臂在桌上"，老莫有反应了，"小手——在哪里，抱臂——在桌上"，老莫反应过来了。评选出前三名，老莫组依旧没得章。"老莫今天动作到了，嘴巴没接口令"，立马有人直接生气地喊他名字了。第三天早读，继续"左手左手请按书，右手右手请点字"，嘿，老莫坐正了，动作到了，嘴巴也动了，为了听清声音，我走到他身边喊"左手按书，右手点字"，能听到老莫的声音。

隔壁班潘老师想出了一个新口令，老师喊一个学生的名字，学生接"坐坐端"，如，"赵新连"，学生马上喊"坐坐端"。用这个口令替代原来的"123，坐坐端"，那个被叫到名字的同学一惊，立马回神了。老师喊名字，有了清晰的指向；学生一起喊"坐坐端"，人多气势足，效果好。我也拿来用，看到哪个没反应的，我就喊"×××"，学生接"坐神气"。后来我们又活用了这个口令。我喊了某一个口令后，如果我立即又喊了一个学生的名字，学生会用刚才的口令提醒对方。如，刚喊完"金手指，伸出来"，我紧接着喊"王宇宸"，学生会接"伸出来"；"书捧起，稍倾斜"，我立马叫"夏哲熙"，学生会接"稍倾斜"；"小耳朵，认真听"，我立即喊"何润凯"，学生会接"认真听"……这么一来，口令活泼了，有效了。

第四阶段的习课堂口令。

同一个口令用同样的语速、声调、节奏，学生喊一段时间后就没兴趣了。这不是说口令就没用了。只要变化一下语气语调，一年级学生就会觉得口令新鲜、有趣了。如"123，坐神气"，可以喊出花一样的节奏，一会儿快、一会儿慢、轻、重、一字一顿，等等，不一样的情况下变化语气、声调、节奏，也能让学生感受到老师不一样的情绪。学生状态佳，老师就心情好，口令可以轻快、活泼一些，"小——眼睛，看——黑板""左手左手请按书，右手右手请点字"；有人在开小差，没看黑板，老师要提醒了，延长音喊"小——眼——睛，看——黑——板"；开小差的竟然还没有反应，老师怒了，音量提高，眼神严厉，喊"小！眼！睛！"，学生也怒了，接"看！黑！板！"。

关注学生的实际情况，对照上面各阶段口令的运用，一年级的课堂也能井然有序。

管建刚： 小小的课堂管理口令，也有着大大的学问。一年级上学期的课堂管理口令要当作本学期的课堂重点、课堂难点来抓。课堂管理口令用好了，用到位了，课堂纪律好了，班级的学风也就正了。

四、朗读准备

许玲燕：

习课堂强调课堂示范、强调时间管理，上课前老师要读课文并记下读的时间。一般我会用三种语速读课文。如读《识字 5 对韵歌》，第一种正常语速，用了 11 秒；第二种慢速，一字一字读，用了 38 秒；第三种快速不停顿，用了 5 秒。我为什么要用三种不同的朗读速度呢？

一年级新生识字量有限，即使老师领读还会有很多学生不会。课上，学生的第一次自由读要留有足够的回想时间、问老师的时间，时间设置上用"慢速版"，在"慢速版"的基础上加 1－2 分钟较合适。第二次自由读会比较流利，时间设置上用"正常速度版"，在"正常版"的基础上加 1 分钟。那为什么还要"快速版"呢？老师可以心中有数，哪怕读得很快的学生，规定时间除以"快速版"的时间，马上得出学生最多能读几遍，避免被小屁孩们忽悠了。

一年级的朗读，我们要注意以下几点。

1. 拖调问题。

一年级上学期"跟老师读"用得多，学生跟着老师的节奏读绝对不容易，经常会开小差。一定要让学生"手口并用"。"读到哪，指到哪""指到哪，看到哪"比较合适。刚入学的一年级学生很容易拖调，我们要随时随地纠正拖调，早读课上还要经常开展"不拖调"朗读比赛。屏幕上出示计时器，"开始"，左边同学读，右边同学听和计时；再反过来。几分钟搞定一次比赛。一定要有把"拖调"扼杀在摇篮的决心，不达目的不罢休。

2. 做动作读。

低年级老师的示范读要有相应的动作。如"谁的尾巴长？谁的尾巴短？"，一边读一边用双手做长、短的动作；"雪人大肚子一挺"，一边读一边做挺肚子的动作；"小鸡画竹叶"，一边读一边伸出食指、中指、无名指做竹叶状；

"小狗画梅花"，一边读一边双手手腕相碰，手指自然弯曲做花朵状；"他哭了"，一边带着哭腔读一边抹眼泪。小孩子是用身体来读书的，而不是单纯用声音。

3. 合作读的问题。

一年级新生不知道什么是合作读，老师解释了，操作起来也会一脸懵。凡是要合作读，我一般都会在PPT里用不同的颜色标注。如《四季》第二课时中的合作读，一方读"草芽"，另一方接读"尖尖"，一方读"他对小鸟说"，另一方读"我是春天"；以此类推。我把两方要读的内容分别用黑色和红色标注，"草芽"用黑色，"尖尖"用红色，"他对小鸟说"用黑色，"我是春天"用红色。你以为这样就行了，对吧？完全不是。读"草芽"的一方很利索地把"尖尖"两个字也读了，接读的一方就卡住了，不知道怎么办了。合作读不只要标注读的内容，还要从最简单的开始，千万不要高估一年级学生的临场反应，要给他们最明确的指示，比如，一方读"草芽"，我先出示黑色的"草芽"的内容，这一方读完，我再出示红色的"尖尖"的内容，另一方接读。

4. 读书声音太轻。

习课堂任务一和任务三重点是"读"。为了能把课堂时间还给每一个学生，让每一个学生都读起来，习课堂中的自由读占比很大，巡视过程中经常会发现有学生声音太轻，凑近了也才勉强听到一点，有的学生只看到嘴巴在动，凑到脸旁也听不到声音。害羞？胆小？不会？不管哪种原因，这个问题都要解决。一年级新生在自由读时大声朗读的就要表扬。小何是个很害羞的男孩，每次自由读都要凑到他跟前才能听到。一开始我用手势告知他：一只手轻轻拍一下他的肩膀，等他看我了，另一只手手心朝上往上抬两下。他的声音会提一提，敲个激励章轻轻一句"保持住"。有次读儿歌，他认识里面所有的字，这给了他力量，我还没走到他身边就听到了朗读声，我马上口令"停，说看老师"，学生下一秒"就看老师"，我站在小何身旁，一只手放在他的肩膀上："今天我站着也能听到小何的声音了，声音响亮，人也变帅了，厉害！"同学笑了，小何也笑了。朗读继续，巡视继续，那些原本要弯腰听到的声音瞬间也变大。小詹基础不好，自由读路过她身旁，总能听到读错的拼读，我轻声纠正她的读音，然后我会这么夸赞："小詹朗读时声音响亮，让老师及时发现她不会的地方，这就是大声朗读的好处！"学生发现读错也没事，还能得到老师的表扬，自由读声音再也不会如蚊子般小了。

5. 读书声音太响。

一年级新生读书还有一个通病，把读书要响亮理解成大声读，声音越大越好。尤其当老师表扬声音响亮的同学后，这个问题就更突出了。自由读一开始，小凯坐得端正，声音响亮非他莫属，如果班内学生还没达到放声读，那可以表扬他，现在不可以了，要保护学生的嗓子，要纠正叫读、吼读。我走到他身边，一手轻轻拍一下他，另一只手手心朝下往下压两下，轻声说"音量小一点"。小轩不会跟别人比读得响、读得快，朗读不疾不徐，声音温和非常舒服。自由读时间到了后，我说："小轩的音量刚刚好，请小轩来读课题。"小轩坐下后，我会说："这样的音量听着就是舒服。"下一次自由读，我就会要求"用舒服的音量读"。

管建刚：读书声不要太轻也不要太响，习课堂上每一个学生读书的时间都很充分，太响了伤嗓子。习课堂备课，一备朗读，二做任务单。许老师，您提出"老师要分三种语速读课文"，这里既有您的敬业，更有您对一年级学生的学情的把握。

许玲燕：

6. 朗读小老师。

两三个月后，一年级新生不"新"了，也有了一定的朗读能力了，可以准备"朗读小老师"了。习课堂强调示范，不只有老师示范，还有学生示范。学生示范不止有伙伴的力量，还能弥补习课堂的个别读的缺失。

日常学生自由读，我关注班上三四个朗读能力较好的学生，有意培养第一批小老师，巡视时多做单独辅导，一会儿他当小老师示范能出色。有难度的课文，我会提前预约小老师，小老师事先多读几遍，读正确、流利、读出停顿。简短的儿歌、诗句，我会选朗读能力不错但不怎么自信的学生。

一年级的学生不明白什么是朗读小老师。要让学生知道，朗读小老师就跟真的老师一样，他在示范读，大家都要听他读，跟着他这样读，他变调读，大家也要跟着变调读。朗读小老师站到讲台上带领大家读，朗读中，小老师发现读错的地方、读得不好的地方，有权利让大家停下来重读；朗读不整齐，小老师可以下达"再读一遍"的命令；朗读开始前，小老师还要喊"请你跟我一起读，我就跟你一起读"的课堂口令。

　　同伴的力量是不可思议的。同伴的"哇！""牛！"比大人的话更直击小心脏。小洁的朗读能力不错，但不突出，《识字10　升国旗》的第二次自由读，她是唯一一个读出节奏的，就像在唱歌，我请她当小老师示范，她的同桌和前面的同学都凑上去鼓掌，还听到有人说了"牛！"，小洁那扬起的嘴角怎么压都没压下去。有的小老师读着读着，眼神不自主地往我身上飘了，手捏衣服了，声音越来越弱了，我会朝他笑一笑，点点头，假装很随意地走到他身边，一只手轻轻放他的小肩膀上。小朱的朗读进步比较大，有声音、有停顿了，我请她当小老师，小朱太紧张，读不流利了，还读错。我站在她的旁边，一手轻放在她的左肩上一手陪着她一起指着书上的诗句。领读结束后，我夸："小朱很勇敢，朗读音量正好，读错及时纠正，这就是认真！"我从她的眼睛里看到了开心，看到了自信。

　　一节课上的小老师不用多，多了不仅占用太多属于所有学生的课堂时间，而且也不稀罕了。每次小老师读后，我们可以给学生贴"小老师贴"，或挂"小老师牌"一天。

　　管建刚：　有人问我，习课堂怎么让优等生更优秀。"小老师制"就是一个非常好的回答。您说的"小老师有小老师的样子"，这里面有很多超越学科本身的内涵。

五、游戏准备

　　管建刚：　一二三年级的习课堂，任务一、任务二后我们要求有一个小游戏，学生转转脖子、扭扭屁股，释放活力，调整状态。小游戏的选择您有什么经验？

许玲燕：

第一，小游戏的时长。游戏时间不宜长，一般 1 分钟内。最好 30 秒内，重复做两次。手指游戏"黑猫警长"，第一次放慢速度边学边做要 25 秒，第二遍加快速度 15 秒左右能完成，做两遍只要 40 秒。一年级新生，游戏时间可稍微长一点，2 分钟内。

第二，小游戏的规则。一边看老师做，一边听老师介绍游戏规则，要一听就懂，一看就会，不能复杂。

第三，小游戏的来源。

1. 学生。一年级学生刚从幼儿园过来，课间他们会玩一些从幼儿园带过来的小游戏，这些小游戏放进课堂，学生都会很惊喜。我们班的手指操"五只小猴"，就是这么来的。

2. 网络。如百度、抖音，搜索"幼儿园手指操""课堂小游戏"，有很多。我考虑的是，要易学，时间要短，无场地要求。有的游戏，我们可以适当改变。如"下大雨和小雨"的游戏，网上版本不少，我作了改动，"小雨，手掌互相摩擦；大雨，拍手；暴雨，跺脚"，三种雨势可快速切换。

3. 同事。同事课上的小游戏，如"小蚂蚁，爬呀爬"，那用力晃动的脑袋、一点也不雅观的喷嚏，牢牢吸引了我，我把它带到了自己班，学生都毫无形象地疯玩起来。

第四，小游戏的分类。

1. 手指操。刚入学阶段，学生握笔不熟练，写字比较用力，任务二后有点手酸，"五只小猴""五根手指变变变"等手指操比较合适。

2. 开心小游戏。小游戏的目的是为了放松，开心是最好的放松。玩"黑猫警长"，食指和大拇指变枪，朝外打去。小 Q 一直懒洋洋，当老师和同桌的"枪"都指向她的时候，她笑翻了。

3. 竞赛小游戏。这类小游戏学生都爱参与，无论输赢都能看到他们兴奋的小脸。"看谁反应快"，我拍几下桌子，学生拍几下手，我不拍，学生也不拍，反之亦然。我会"啪、啪、啪啪啪啪"地拍，也会"啪啪，啪啪啪"地拍，也会做假拍的动作，没上当的洋洋得意，上当的一脸懊恼。

4. 自编小游戏。自编小游戏可以跟新学内容结合。如，教学《小书包》，游戏就跟这一课有关：听到铅笔、橡皮、尺子、作业本、笔袋这类文具就拍手，听到的内容不是文具则双臂交叉在胸前做"X"状。教学《雪地里的小画家》，我们这么玩：我说"小狗"，学生做花朵状；我说"枫叶"，学生做鸭子状。既回顾课文，又身心放松，一举两得。

第五，小游戏的玩法。

1. 小游戏的出示。任务二结束后，我们一般用"奖励"的方式出示小游戏。如："因为婷煜朗读时吐字清晰，写字时干干净净，老师奖励大家小游戏"；"第三大组，今天上课眼睛总是跟着老师的要求走，奖励小游戏"。

2. 小游戏的带动。玩游戏要大胆，要放开，动作能多夸张就多夸张。一开始常有学生放不开。小游戏"小蚂蚁，爬呀爬"，"我甩我甩，我甩甩甩"一句，学生的幅度不大，看到我甩得头发乱飞就放开了，有的小女生也来劲了，发箍都滑下来了。"阿嚏"一句，学生们看到我嘴巴张大，声音大，脑袋跟真的打喷嚏一样往下，他们更夸张，一个喷嚏直接没站稳。老师一定要跟学生一起玩游戏，用夸张的动作和表情带动学生放开怀。

管建刚： 工作是重要的，休息也是重要的。工作的时候就好好工作，休息的时候就好好休息。任务一和任务二，学生努力"学"、努力"习"，作为奖励，中间好好玩一玩。课堂上努力"学"、努力"习"，课堂紧张、课后轻松，这是习课堂一贯的主张。

六、激励准备

许玲燕：
"只凭一句赞美的话，我就可以充实地生活两个月。"

马克·吐温的话道出了表扬的重要性。一年级学生尤其需要表扬。然而表扬一点也不简单，还是一门学问，管老师您的《一线表扬学》就给了我们很多启发。表扬和激励除了临场的、随机的，还要有规划的、有设想的。

激励手段就用习课堂激励印章和习课堂Q币。

第二章

对谈习课堂 Q 币

一、习课堂 Q 币印象

管建刚： 习课堂强调课堂组织、课堂管理、课堂激励和课堂示范。习课堂 Q 币是习课堂激励的重要组成部分。用好习课堂 Q 币的前提是对 Q 币有正确和到位的认识。

钟少秀：

打开习课堂工具盒，看到习课堂激励印章和习课堂 Q 币，我爱不释手。

第一，习课堂 Q 币是高效课堂的催化剂。

习课堂 Q 币设计符合小学生身心特点，直观具象，颜色鲜艳，插图饶有童趣，大小合适，收纳方便，模拟人民币的面值，增强学生体验感，学生把 Q 币当作可以支配的"钱"，还能当书签用。一枚鲜艳的习课堂印章，一张张小巧精美的习课堂 Q 币，一次又一次点燃学生的学习激情。课上，学生开小差现象几乎消失，学得有劲，学得踏实。习课堂时间管理，学生在老师眼皮子底下完成作业，保证了刚需作业不出课堂和作业的有效性，切实落实国家"双减"政策。习课堂实验班的学生不管是限时小测试还是期末考试，都在年级遥遥领先，实现了习课堂"回家作业少一点，考试成绩好一点"的初衷。

第二，习课堂 Q 币是习惯养成的加油站。

英国哲学家罗素说"人生的幸福在于良好习惯的养成"，我国著名教育家叶圣陶认为"教育就是培养习惯"。习课堂在时间和任务驱动下，注重培养学生六大习惯：边读边记的习惯；边写边记的习惯；有效作业的习惯；抗干扰做事的习惯；有效使用时间的习惯；课前充分准备的习惯。这些习惯的养成离不开习课堂 Q 币的助力。习课堂 Q 币小巧易携带，老师操作起来快捷方便，课上看到好习惯就可以适时奖励 Q 币。

第三，习课堂 Q 币是能力形成的助推器。

学生在习课堂 Q 币激励下学得不亦乐乎，学得扎实高效，于是有了更多自由支配的时间。校内，参与素养拓展课程和特需探究课程，可以奖励习课堂 Q 币；校外，做力所能及的家务，参加综合实践、社群联结，也可以奖励习课堂 Q 币。

第四，习课堂 Q 币是班级管理的万金油。

二年级的学生活泼好动，我兼有学校事务，精力有限，习课堂 Q 币就像一场及时雨，解了我的燃眉之急。我以习课堂 Q 币为媒介，从目标、评价、竞争、情感和榜样五个维度具体激励，目前班风正，学风浓，习惯好，成绩优异，综合能力强，阳光自信。

管建刚： 钟老师说习课堂 Q 币是催化剂、加油站、助推器和万金油。实际上习课堂 Q 币什么都不是，只是一张小小的薄薄的带数字的书签。习课堂 Q 币的功能不是 Q 币本身固有的，而是钟老师在实践中开发出来的。

二、习课堂 Q 币与作业

钟少秀：

习课堂限时完成任务单上的四个任务，我管住嘴、迈开腿，从学生读书、书写、作业、背书等方面入手进行激励，着眼学生的方法、态度、习惯。表扬谁，就快速给他盖印章，印章可以兑换 Q 币，3 个印章兑换 1Q 币。时间一到，按时收走任务单。

批改任务单，全对得3颗星（任务二、任务四、当堂听写各一颗星），书写工整美观的，造句写话精彩的，再奖1颗星。1颗星相当于1个激励印章。讲评任务单，受表彰的同学上台，老师郑重颁发Q币，拍照留影，上传班级群。任务二和任务四（含当堂听写）全对，奖励1Q币。还表扬书写有进步的，正确率有进步的，某道题回答出彩的，任务单整洁的。限时讲评任务单，学生听得认真的，还有机会再得到印章。

订正是有效作业的"最后一公里"，订正任务单限时15分钟，到时全部收走。第一次订正正确，奖励1个激励印章。优生拼命保全对，中上学生争取少错一点，订正又快又好，有机会补挣印章。第一次订正没有全部正确的，进行二次限时订正（一般2—3分钟），收上来批改还有错，进行三次限时订正，再有错，就扣1个激励印章。

讲评后学生订正，老师巡视，用印章激励订正结束的同学复习任务单。订正又快又好的同学当小老师，给认真复习的同学盖印章。课堂效率好极了，没有人开小差。我管它叫"作业订正限时令"。

管建刚： 习课堂要求学生"刚需作业不出课堂"，有力保障作业的有效性，也有力落实"小学生在校内基本完成书面作业"的"双减"要求。习课堂要求管好作业的"最后一公里"，因为"减负不减质"的根本要实现作业的"质"的提高，钟老师的二次限时订正、三次限时订正，在Q币加持下使有效订正、快速订正成为现实。

钟少秀：

习课堂通过课堂改革，正面呼应了"双减"要求，校内解决了书面作业，但不等于没有回家作业。诵读经典、整本书阅读、亲子综合实践等，应该有。低年级学生时常有没记好当天回家作业的，导致频频有家长在群里焦急询问："请问今天的家庭作业是什么？"

让学生明白学习是自己的事情，"自己的事情自己做"，保证高效记录家庭作业，我管它叫"家庭作业记录限时令"。

第一，安排有条不紊。

1. 集中时间记录。每天中午12:45结束午餐，离午休13:00有15分钟时间。饭后不适合剧烈运动，同学们一般会听听音乐，闲逛，有的同学看课外书，有的同学订正，这是记录家庭作业的最佳时间。

2. 分工合作督促。组长分发家庭作业记录本，各科科代表向老师要当日家庭作业，抄写在黑板上。我经常手写家庭作业内容，科代表实物投影出来，学生可以看到老师规范工整的示范。各组组长通知提醒组员回座位记录家庭作业。

3. 小组自查互查。作业记录完毕个人自查，同桌互查，组长检查小组家庭作业记录情况，并到科代表处盖激励印章。

第二，记录规范完整。

1. 暗号记录。一年级新生不会写字，我们约定暗号，用简单符号图形记录家庭作业，比如，读用眼睛图形代替，听用耳朵图形代替，背诵和说用嘴巴图形代替。学了拼音，用拼音记录未学过的字。

2. 格式统一。本子统一，格式统一，信息记录完整，比如，日期、周次、星期几都要记录。所有科目家庭作业要记完整，语文作业记在语文栏，数学作业记在数学栏，英语作业记在英语栏，其他事情记在其他栏。

3. 书写规范。"提笔即是练字时"，记录要求工整、规范、干净，字体大小均匀，铅笔笔尖粗细合适，要求贴着横线写字，不能让字跑到"空中"或者钻到"地下"，还要控制好字距。

第三，反馈激励到位。

首次激励。为了激励同学们专心高效记录，奖励措施如下：12:50前记录完作业奖励2个印章，12:55前记录完奖励1个印章，12:55—12:57记录完不得印章，12:58未记录完扣1个印章。谁来检查反馈？小组长。小组长检查好，由科代表盖印章。如发现有错别字、有漏写、书写潦草者，小组均不得印章。组员为了小组荣誉，得认真记录，仔细检查。这比老师逐一检查快多了，有速度又有质量。

二次激励。二次激励在第二天完成作业后。只要信息记录完整，书写规范，养成检查的习惯，做完一项打小钩，按时睡觉并提醒爸爸妈妈签了睡觉时间，会得到3颗星，如果哪一条欠缺，就少1颗星。有了二次激励，学生不仅认真记录作业，书写规范，而且做到"今日事今日毕"。

目前为止，我们班没有一个同学不记录家庭作业，也没有谁不完成家庭作业的，再也没有家长在群里问家庭作业的烦心事了。

管建刚： 2004年汪中求的《细节决定成败》成为百万畅销书。"记家庭作业"只是众多事情中的一个小事，钟老师做得这么有效，那是抓住了细节。

钟少秀：

习题写在作业本叫"作业"，写在试卷上就是"考试"。作业本上的正确率就是考试能力，作业本上的干净整洁就是考试态度。作业能力和作业态度直接关联着考试能力和考试态度。怎么管好作业本呢？我们开展"最美作业本"活动。

下面以"最美听写本"为例，谈一谈实际的操作。

第一，Q币大兑换。

第一个听写本快用完了，同桌互相统计五星颗数，统计数据写在听写本封面上方，签上自己的大名。谁统计谁负责。同桌数五星比自己数效果好，同桌肯定要规避风险，尽心尽力。自己也难免担心同桌少数，会主动复核。我要求拿回家让爸爸妈妈过目五星。按"1Q币＝3颗星"兑换。剩下一两颗星不足兑换怎么办？学生脑子活得很，他们把语文书、任务单、作业记录本等上面的混合计算。确实凑不到3颗星，暂留，下次统计用。

第二，"好记星"评选。

如听写15次得15颗星，听写20次获20颗星，获评"好记星"。两类同学能获此殊荣。一是每次听写全对的同学，全对一次能得1颗星；二是听写偶尔没有全对，但有几次听写全对且书写美观的，得到了奖励星，总数依然达标。有多少人得到20颗星就评出多少"好记星"。9月和10月我们一共听写20次，荣获"好记星"的同学有9名，奖励5Q币和一张表扬信。

第三，"最美听写本"评选。

三种情况不能参评"最美听写本"：一、中途丢过本子的同学不参评；二、订正不专心不检查，反复改，订正要用很多篇幅的同学不参评；三、缺听写内容的同学不参评。这些标准引导学生养成良好的作业习惯和作业态度。

评奖的名额，首先本子严格执行标准，倡导学生要爱护书本，后面评的时候可以稍微放宽尺度。奖品是 10Q 币和一张表扬信。

"好记星"侧重听写能力，"最美听写本"侧重听写态度，听写不能全对、书写暂时落后的同学也有希望。不能荣获"好记星"，但只要爱护书本，也可以获奖。评奖后我们安排两个活动——

一是"最美听写本"主人分享会。为什么用了两个月，作业本会像刚发的那样新？7 岁左右的孩子，几乎天天要用的本子怎么可以爱护得那么好？王柄皓郑重其事："每次看到本子有皱褶，我都要捋平整。"腼腆的王紫涵说："每次我要用作业本时都先看看桌面上有没有油污。"周韦宇自信而大声："我每次用完都是把它轻轻放进语文作业袋里，不乱丢乱放。"周懿橙分享："有时候本子不干净了，我会拿橡皮小心翼翼去擦干净。"

二是"最美听写本"展示会。在悠扬的乐曲声中，"最美听写本"和主人合影留念，发到班级群。我给"最美听写本"盖上鲜红的印章。在全班同学的羡慕中，"最美听写本"主人双手自豪地捧着作业本，庄重地递给学习委员，学习委员将"最美听写本"——陈列在最美作业陈列架上。

这样能抵过以前一次又一次的苦口婆心。全班书写大小更匀称工整，正确率提高，订正格式越来越规范。

管建刚： 作业管理不能只盯着作业，还要盯着"作业本"。作业管理不能靠苦口婆心，要策划一个又一个的作业活动。习课堂 Q 币和《一线表扬学》的精髓，钟老师您全用上了，用出成效了！

三、习课堂 Q 币与大课间路队

钟少秀：

我们学校占地 178 亩，中小学共用大操场。小学的教学楼位于学校东边，距位于学校最西边操场主席台有 500 多米。学校要求 36 个小学班级大课间到达指定点位的时间是 8 分钟内。

我们班的大课间行走路线：学校东侧四号楼二楼——下楼——四号楼一

楼过道——直行——五号楼——右转——天府书院——左转——体育馆——下七级长台阶——大操场东侧——直行——大操场西侧。

一路"翻山越岭",我们低年级学生还没有开始锻炼已是筋疲力尽,王奕雯和谢柯藤几个小乖乖额头渗出汗珠,气喘吁吁。"好累啊!"刚刚整齐安静的路队,不一会儿,出现了走歪队的,东张西望的,跟不上的,俨然如吃了败仗的溃军。

受习课堂时间管理的启发,我采用限时令,帮"蜗牛"班级路队提速。由于行经路途长,班级低龄矮个学生多,不能一蹴而就,我们计划分步提速限时。

1. 各司其职配合起来。

两位得力路队长漆天乐和张城睿,声音洪亮,指令准确及时,相互第一时间为对方穿好代表班级的 4 号黄色号码服。彭沫恩和李诺吕言抬上装着两根长绳的收纳箱,体育委员提醒全班同学带上自己的跳绳,到走廊集合。

2. 路队快静齐练起来。

从教室到操场,路队有几次变化。楼道和楼梯较窄,两列路队行走。来到一楼,为提高行进速度,变四列路队。到操场后,再恢复成出操的两列路队。两列路队手拉手,四列路队两两对齐,用余光标齐排面,相互提醒。路队先是齐步走,走整齐,就开始快走,由快走再变为慢跑,跑的时候注意标齐排面,跑得快的放慢脚步,跑得慢的加快步伐。

来到一楼,路队长马上口令"二变四",全班整齐跑向凹式操场边。待学生顺着七级台阶走到绿草如茵的操场,四列路队变成两列路队,整齐快速向操场最西边移动。路队由第一次到达操场用时 7 分钟,逐步提速到 6 分钟。

3. 路队口令喊起来。

路队无声无息,总感觉缺少了什么。习课堂的口令既调动学生注意力,又鼓舞学生学习士气,路队何不也借来用用?

除了常规集合排队口令——立正、稍息、向中看齐、向前看齐、半臂看齐、向前看、二变四、四变二等,我们增加了"四班——""到!""集合排队——""快静齐!"等口令。路队行进到五号楼,要转弯了,队伍有些松散,路队长张城睿和漆天乐几乎同时喊出"快静齐——",全班为之一振,铿锵有力答"夺红旗"!

快到操场了,胜利就在眼前,其他班路队也在行进,王桄哲大喊一声"标齐排面——",同学们个个精神抖擞,眼睛发光,回应"我对齐"。下完七级台阶,路队变回两列了,路队长又大声喊"手牵手——",同学们回应"好朋友",小手拉小手,雄赳赳,气昂昂,向目的地慢跑而去。

有了路队口令,增加了班级气势,到达操场只要5分钟了。

4. 排队急急令赛起来。

第一节课下课铃一响,全班准时下课,值日生喊"倒数10个数,10,9……",全班同学做了课后三件事(整理桌面、对齐桌子、推进椅子)后,快速走出教室排队,一边走一边跟着倒数,比赛谁先在10秒内到走廊的路队点位。原来集合要1分钟,"排队急急令"后,20秒内就能出发。如今,我们班4分钟就能到达操场,一边做准备活动一边等待其他班级入场,快哉!

5. Q币激励用起来。

大课间,我按照习课堂"迈开腿"管理,"张开嘴"表扬,"前四排横排直!""赵雨辰、周韦宇回应声音好洪亮!""徐芷涵和包雨乘眼神好专注!""李浩歌、何梓菱跑步摆臂真规范!"腿勤眼尖口勤,队伍按照我想要的速度和样态在前进。

自己觉得做得好不算好,别人觉得我们做得好才算真的好。每天大课间学校体育老师总结反馈,学生听得特别认真。如果得到表扬,每人奖励5Q币,如果得到批评,追究具体的人扣5Q币。

锻炼结束,各班退场,我们班跟出场一样,快静齐,原路返回,善始善终,建设良好班风。回到教室,值周班长进行总结,表扬表现好的同学,奖励Q币,提醒表现不好的同学,扣减Q币。我们班的大课间路队几乎每天都会得到表扬,班级凝聚力和集体荣誉感也越来越强。

管建刚: 钟老师,您班上的路队视频发到习课堂实验班QQ群,引起了不小的震动。我有一种感觉,Q币在您手里成了"万能币"。

四、习课堂 Q 币与文明课间

钟少秀：

习课堂"刚需作业不出课堂",学生真正拥有了课间。二年级学生年龄小,要跟他们约法三章,课间在哪儿玩,玩什么,怎么玩。

1. 活动范围。

划定活动边界,不窜楼层,不去危险和禁止的地方。开学初常规训练,带领学生实地查看课间活动范围。不攀爬楼梯,不滑扶手,不趴栏杆,不大声喧哗,不追逐打闹,不推拉,不打滚,不趴在地上,不骂人不打架。儿童元气满满,精力充沛,永远不知道疲倦,多余的精力没有地方释放,课上精力不集中,学习效果不会好。我们约定课间流程:做好下节课准备,喝水,上卫生间,玩耍。

2. 文明游戏。

如果没有具体指导,低年级孩子确实不会玩,最喜欢的消遣方式就是追逐打闹,大声喧哗。游戏,既可消除大脑疲劳,增进身心健康,又能提高交往能力,增进友谊和情感。我们用班会课讨论课间玩什么游戏,怎么玩游戏,同学展示游戏,选择合适的游戏玩。我手把手教学生玩文明游戏,一个人的游戏:跳绳、赏花、远眺;两个人的游戏:聊天、打手游戏、跨大步、翻花绳、成语古诗拍手、"三打白骨精";更多人的游戏:打沙包、"炒股票"、"小猴捞月"……

3. 安全监督。

班级安全监督员有两类:一类是认真负责的学生,为班级文明安全兜底。另一类是调皮好动的学生,用"监督员"给他缆上一根绳。室内室外分配任务,室外定点,走廊、过道、平台、楼梯口两个点位,轮流上岗。我先为安全监督员示范,给出标准,他们管理课间比老师的要求严格得多,标准也高得多。当然,老师不能完全当甩手掌柜,课间要巡视,检验同学们是否真的会玩,是否真的文明休息,监督员是否履职到位。文明游戏和履职到位的同学,都一一及时表扬。午会课,再在班上大肆表扬文明安全玩耍的同学,课间会玩的同学就更多了。

4. Q 币激励。

安全监督员有权为文明休息的同学奖励 Q 币,每人每天奖励不超过 5Q 币,安全监督员也有义务制止不安全、不文明玩耍的同学,请他们回到教室,暂不参与课间玩耍。根据情节严重程度,站讲台或静坐 5 分钟,并扣减 Q 币,最多不超过 5Q 币。课间休息严厉处罚的是打架行为,相关人员扣减 5Q 币,一天不能参与课间玩耍。表现好了可以"复活",走出教室继续玩耍。每月根据安全监督员履职情况奖励 Q 币若干。有了 Q 币激励,他们宁愿牺牲自己课间玩耍的时间,任劳任怨地工作。

管建刚: 哈哈,我猜得没错,Q 币到了钟老师手里,像人民币一样可以用到生活的方方面面。这是习课堂 Q 币设计者所没有想到的。智慧永远在实践者的手里诞生。

五、习课堂 Q 币与午餐

钟少秀:

管老师,我们班学生的个子整体比别的班矮一截。家访中我了解到,很多孩子父母工作忙,由老人照顾孩子起居,老人宠溺孩子,包办代替较多,不少孩子吃饭慢,收拾东西慢,作业也慢。习课堂时间管理、任务驱动,让作业慢的学生快起来了,我就想把这一招用到午餐管理上。

1. 午餐服务岗。

班上午餐服务岗位如下:推餐车 2 位,打饭菜 6 位(轮流),管理午餐纪律 2 位,检查光盘行动 2 位,计时员 1 位,管理餐盘 5 位(轮流),分发间餐 1 位。职责明确,相互补位。每个岗位赋值,奖励 Q 币。午餐服务岗的同学有一项福利:优先就餐。

2. 饭菜适量。

负责打饭菜的同学在钟老师的示范和叮嘱中学会了按需打饭,谁能吃,多打一点，谁饭量小，少打一点。考虑到个人身体情况，每个同学在餐盘离开餐车前，有义务告知服务的同学饭菜是否适量，及时添减，如果身体不舒服或忌口，造成饭菜浪费，扣减 Q 币，餐盘里剩几样扣减几 Q 币。不喜欢吃的，可以少打，不能不打，少打一样菜扣减 1Q 币。只有不挑食，营养才全面，才能健康成长。光盘行动不仅奖励个人，也奖励小组，个人奖励 Q 币，小组奖励积分，每组每天有几个人光盘，小组累计奖励几分。反之，没有按时吃完饭，个人扣减 Q 币，小组扣减几分。连续一周光盘行动，个人多奖励 5Q 币；连续 2 周光盘行动，个人多奖励 7Q 币；连续 3 周光盘行动，个人多奖励 8Q 币；连续四周光盘行动，个人多奖励 10Q 币，并评为"光盘行动大使"，颁发表扬信。

3. 吃饭限时。

午餐时间 12:15—12:45，12:35 前午餐光盘，奖励 2Q 币，12:40 前午餐光盘，奖励 1Q 币，12:45 为截止吃饭时间，也是推走餐车，值日小组开始教室保洁的时间，未吃完饭的同学扣减 Q 币。在 12:35 和 12:40 两个时间，计时员漆天乐会为全班同学报时，"离午餐结束还有 10 分钟"，"离午餐结束还有 5 分钟"。二年级学生年龄小，缺乏时间规划，计时员的报时相当于为学生午餐进行时间切割，让他们心中有数，分阶段完成吃饭任务。每次报时，你明显会看见，吃饭困难户吃得更专心，吃得更快。

管建刚： 很多学校都在食堂醒目的位置写上"谁知盘中餐，粒粒皆辛苦"。但，每天学生倒在泔水桶里的餐食看着叫人心疼。光盘需要教师有效的管理，需要教师有效的激励，钟老师，为您点赞！

六、习课堂 Q 币与午睡

钟少秀：

我们班的午休状况也是时好时坏，看似风平浪静，实则暗流涌动。习课堂 Q 币驾到，午休终于有了逆转。

1. 视频＋表扬。

以前，我苦口婆心给同学们宣讲睡眠作用多么大，但收效甚微。后来，我让孩子观看"睡眠作用"视频，效果好了很多。读了您的《一线表扬学》，我发挥表扬的威力："屈仕琳和周子虞个子是全班最高的，就是每天睡得好。""李浩歌和赵梓芮为什么做算术题那么快？睡得香，人会越来越聪明，反应会越来越快。""陈奕沛和何雨蓓体育那么好，商杨艾汐和王柄皓背功厉害，跟认真午睡有很大关系。"……积极的心理暗示，使大家对睡眠亲近起来了。

2. 口令＋游戏。

午休铃一响，午休管理员上岗，"关灯开空调，拉窗帘！""倒数 5 个数——"午休管理员发号施令，全班同学把书本收到抽屉，拿出枕头放在桌上，寻找舒服的坐姿，趴在桌上，"木头人"游戏考试：①闭眼——不想任何事情；②不动——比比谁更像木头人；③不响——不影响他人。五秒钟教室进入休眠状态。

3. 个人 Q 币＋小组 Q 币。

午休个人奖励：连续一周，未被午休管理员提醒，获 5Q 币；连续 2 周未被提醒，单次奖励 6Q 币；连续 3 周未被提醒，单次奖励 8Q 币；连续 4 周未被提醒，单次奖励 10Q 币。只要乖乖睡觉，比比谁是木头人，可以长高长帅长聪明，还可以得 Q 币，学生心里美滋滋。

午休小组奖励：只要当天组内无人被午休管理员提醒，小组便荣获午休冠军，该小组每人奖励 1Q 币。反之，无奖励。小组连续一周荣获午休冠军，每人周五单次奖励 5Q 币。

管建刚： 习课堂强调课堂管理，钟老师用 Q 币拓展了管理的空间，抵达了教育的方方面面。您也让我读懂了"班主任"三个字是怎么写的。

七、习课堂 Q 币与遥控管理

钟少秀：

管老师，也不知怎么回事，搭班的数学老师开发了一套"生生银行币"，英语老师开发了"dollar"（美元），学生喜爱数学和英语课不亚于语文。

  国际货币可以有不同的汇率兑换。语文数学英语之间的货币，也要互通有无。我们三位老师开会，达成了如下的兑换：1Q币＝数学3角生生币＝3星或印章，1Q币＝英语1美分＝3星或印章。天下之大，莫非王土；校园之大，老师相通。学生知道老师们是一伙的，没有空子可钻，教育便形成了合力。

  我们有《课堂情况记录本》，每节课后上课老师会对班级课堂情况作简单评价，包括：出勤、听讲、发言、坐姿、合作、爱护卫生和公物（专用教室上课）、学习效果等。评价等级用符号表示，如表现优秀"五星"，良好"三角形"，有待加强"打钩"。

  每节课后，学习委员及时向全班宣布上课老师的评价等级，如果有表扬或批评，学习委员联合组长对当事人进行奖励或扣减Q币，也对该小组进行奖励或扣减积分。语文课表扬或批评一次，当事人奖励或扣减1Q币，该小组奖励或扣减1分。为了体现学生对科任老师的尊重和科任课的重视，科任老师表扬或提醒批评一次，奖励或扣减2Q币，该小组则奖励或扣减2分。一周来所有上课老师评价课堂纪律为优秀，全班每人奖励5Q币。目前各科老师对我们班的课堂纪律都比较满意，学生已经连续好几周获得5Q币，大家的自控力也越来越好。

  我也跟家长沟通，可以借用Q币与老师紧密配合，携手共育孩子。家长根据孩子家庭表现，及时通过家校本如实向老师反映情况，老师酌情奖励或扣减孩子的印章、五星或Q币，学生在家的表现也好了很多。正如陈思吁妈妈反馈的："习课堂Q币不仅可以遥控其他课堂，还可以遥控在家学习、生活情况，昨天如实记录了宝贝早起难的缺点，今天起床就不磨蹭了，谢谢钟老师。"

  管建刚：尽管我认为课堂纪律是每一位上课老师的分内事，课堂管理是每一个上课老师必备的专业能力，然而钟老师用Q币来遥控管理每一门学科的课堂纪律，真心羡慕跟您搭班的每一位老师。

八、习课堂 Q 币与班级活动

钟少秀：

我们学校的活动很丰富，我时常以习课堂 Q 币来推动。下面以二年级的那次体育节为例，来谈谈。

1. Q 币加持排练现场。

鉴于 Q 币的魔力巨大，我们因需而定，用 Q 币管理排练现场。凡被舞蹈老师、家长志愿者、排练总监表扬一次，奖 1Q 币；被点名提醒一次，扣 1Q 币。记录单由家委会志愿者负责人管理，排练结束，全班反馈，奖励或扣减个人相应 Q 币后交到办公室。

看着黑名单上的加加减减，我哑然失笑。要知道，上回艺术节排练舞蹈，不管是戒尺震慑还是河东狮吼，都收效甚微啊。入场式节目排练一切按照预期进度良好地进行着，舞蹈老师尽心编排，每一次排练都有很好的进展。

2. Q 币把控表演现场。

可能多次排练造成审美疲劳，临到表演队形总不够整齐，点位总不够准，不得不使出杀手锏：明天正式表演，专心、整齐、微笑，每人奖励 5Q 币。没有听错，平时课堂需要百般努力，花几天挣 15 个印章，明天只要专心用心，就能获取 5Q 币，全班沸腾片刻马上站直，静候下一个命令。有了 Q 币加持，学生精气神顿时好了很多。

偌大的舞台，队形散开占地达 20 米×20 米左右，第一排同学踩的草坪有白色圆点，但三角队形不好找参照物，后面的同学只能根据首个同学的站位方向，调整自己三角形一条边的方向，再根据三角形对面另一条边对称的同学来调整前后距离，不仅需要持久专注，还要有好眼力。其他孩子通过几次练习踩点，能够快速找到点位，几个注意力不持久的同学确实有点难。"小王不出界，钟老师奖励 5Q 币，小包、小谢、小李、小张不出界，钟老师奖励 3Q 币。"他们都高兴地答应了。

"努力挣 Q 币！奥利给！"正式演出前就这么一句话，几个小乖乖没有一点出界，动作跟着全班同学整齐划一，为班级轰动全场立下不小的功劳。

　　管老师，Q币在体育节产生了巨大作用。后来，我们班承担国旗下讲话，排练过程参照体育节入场式，站队、听讲、纪律、排练效果等进行评比，相机奖励或扣减Q币。表演结束后，反响空前地好，全班都奖励5Q币，主要演员、负责朗诵和举牌子的同学多追加3Q币。

　　学校举行篮球联赛，我们荣获篮球冠军，上场运动员每人奖励20Q币，后备运动员奖励10Q币，啦啦队奖励5Q币。团体总分第一名，全班每人奖励10Q币，每个同学脸上都流露出自豪和开心的笑容。

　　管建刚："小Q币，大智慧"。Q币里本身没有智慧，智慧是用Q币的人赋予的。感谢钟老师用心用爱用行动赋予习课堂Q币活力，您让我重新理解了"没有做不到，只有想不到"，再次感谢！

第三章

对谈习课堂激励

管建刚： 一个人的工作态度迟早会转化成工作能力，一个人的学习态度迟早会转化成学习能力。第斯多惠说，教育不在于教给学生多少知识，而在于唤醒、激励和鼓舞。唤醒、激励和鼓舞什么？好的学习态度。习课堂有四个关键词，课堂组织、课堂管理、课堂激励和课堂示范。课堂激励是习课堂的重要组成部分，有请刘丹梅给大家介绍习课堂激励的系统思考和实践。

一、激励读书的六个内容

刘丹梅：

谢谢管老师。我分两个部分跟大家做交流。第一部分是激励内容，第二部分是激励方式。先说第一部分，激励的内容主要涉及读书和背书、作业和书写。

每一节习课堂都有两次"写"，占时 15 分钟左右，然而，习课堂并没有弱化"读"，学生反而比以往读得更多、更充分了，这主要得益于习课堂真正做到了把课堂时间还给"每一位"学生，而不只是还给外向的学生、积极主动的学生。

习课堂的"读"的内容有生字、词语、重点句子、重点段落、课文，激励可从"姿势、音量、音准、语速、专注度、语感"六个方面来实施。

1. 姿势。

读书姿势包括读书坐姿、读书站姿。读书坐姿：（1）脚平放，脚尖和脚后跟都要着地（避免东摇西晃，跷二郎腿）；（2）双脚与肩齐宽；（3）屁股坐在板凳面一半左右位置（避免靠椅背，东倒西歪）；（4）眼离书本一尺远，胸离桌子一拳远，翻开书后左右手分别握书边沿中央。读书站姿：（1）脚平放，脚尖和脚后跟都要着地（避免东摇西晃，东倒西歪）；（2）双脚与肩齐宽；（3）抬头、挺胸、收腹、站正，像军人一样挺拔；（4）眼离书本一尺远，身离桌子一拳远，翻开书后左右手分别握书边沿中央，平举胸前，双手距离与肩、足齐宽。

有了正确的姿势标准，就可以通过表扬学生的坐姿来调控好课堂纪律，整理好学生的学习情绪，掌控好课堂学习的秩序。比如表扬书萱、骏豪同学坐姿正，手平、身正、脚稳；表扬彧、瑜辰同学站姿好，头正、身直、足安。透过表扬，激励学生精神饱满、专注认真地开始学习。

2. 音量。

读书音量分阶有：0级音量，安静无声，适用于独立做事、专注倾听、就餐、就寝或公共场所不影响他人；1级音量，轻柔低语，适用于两人之间的交流；2级音量，彼此听见，适用于小组内讨论；3级音量，平常声音，适用于一个人当众发言或者课间休息；4级音量，舞台声音，适用于舞台表演；5级音量，室外音量，适用于户外运动比赛；超越5级音量则大多数设定为噪音。别看孩子们玩耍时的音量大，读书时的音量大多偏小，需要教会学生分情形、分场合用不同音量说话、表达。比如个人回答问题需要4级音量，小组交流需要2级音量，集体读书时需要3级音量，小组比赛读书时需要4级音量。只要孩子们达到音量标准就口头表扬和Q币奖励相结合激励，会让他们养成良好的说话习惯，自信、正确地表达。

管建刚：每一次"读"后，习课堂都要求用"表扬"来小结。表扬一两个学生的具体实在的行为，既激励读的学生，又为其他学生提供了具体可学的样本。不少老师在"表扬"上总模糊笼统地说"读书很响亮""坐姿真端正""写字真认真",所谓的"表扬"是走过场的表扬,不可能起到"唤醒、激励和鼓舞"的效果。刘老师对朗读姿势、朗读音量都有具体的标准,表扬有依据,表扬不空洞,表扬心中有数。

刘丹梅:

3. 音准。

课标要求学生用标准的普通话读书。学生读书时就应该做到分清平翘舌、鼻音边音、前后鼻韵母以及每个字正确的发音。读字要准确、读词要准确、读文更要准确,不加字、漏字,不回读。

一气呵成地读准课文的每个字、每个词、每个句、每个段,不容易。一味强调发音,学生有可能因为不能准确发音而产生抵触情绪,不愿意多读书。所以需要音准激励。比如:恬伊、紫阳的平舌音发音标准,如果能把翘舌音也发标准就比较完美了;骏豪、诗尧能像老师这样注意发音口型;文萱、美汐的后鼻音准,奖励1Q币……以激励的方式提醒学生正确地"读"是习课堂老师的基本任务。眼神激励、手势激励,单独辅导激励,个别表扬、集体表扬,教师要巡视指导,要俯下身子认真倾听。从教室这头走到教室那头,从教室左侧走到教室右侧,一堂课下来,要经过每一个孩子的身边,要在70%以上的学生身边逗留过。

4. 语速。

语速可以粗略地分为快、中、慢三种。快速表示激动、欢快、紧张、兴奋的心情,每分钟200字以上;中速用于感情没有多大变化的地方,用于一般的陈述,每分钟180字左右;慢速用来表示悲伤、沮丧的心情,每分钟100字左右。

习课堂上要求学生反复多次读课文、读词语,可以根据情况给学生布置用不同语速完成不同任务,根据完成程度给予奖励。比如,计时三分钟读课文,第一遍坐着自由读,第二遍站着读,第三遍坐着读。时间到,报告读书遍数,遍数越多奖励积分越多。孩子们在读书时,要想达到单位时间内读的遍数多,还要保证姿势、音量、音准都到位,就必须认真专注地分不同速度读。一般第一遍读得较慢,第二遍稍快,第三遍就能用更快的速度。熟能生巧。语速是检测读"熟"的可见指标。循环往复地读书比较枯燥，激励尤其重要。学生读得口干舌燥了，表扬他们能吃苦；学生读完三遍还是"时间不到，读书不停"，表扬他们有毅力。还可以通过调节语速来增加读书的趣味性。

管建刚： 我特别赞同表扬学生能吃苦、有毅力。学习哪有不吃苦的，学习哪有不需要恒心毅力的。一个不肯吃苦、没有毅力的人能有什么成绩呢？

刘丹梅：

5. 专注度。

学生很多时候都需要老师干预、提醒才能练出专注力。

老师课堂上转圈盖章，只要专注读书就盖章，如：奕凡、朱兴，同桌背奖励题，不受干扰专心读课外材料；冠杰、思言，铅笔盒掉了，不分心继续读书；杭鑫、晨曦，窗口有人路过，不分神专注读书……老师时刻表扬这些学生，学生也就知道原来这些干扰因素都可以训练自己的专注力。

6. 语感。

语感是语文水平的重要组成部分。语感的形成不是一朝一夕，需要长久地炼化。有语感的"读"需要根据语言文字表达的意思、意境、思想、情感进行变速读，比如《大自然的声音》中关于风的句子。"当微风拂过，那声音轻轻柔柔的，好像呢喃细语，让人感受到大自然的温柔。"微风，用轻柔稍慢的语速读。"当狂风吹起，整座森林都激动起来，合奏出一首雄壮的乐曲，那声音充满力量，令人感受到大自然的威力。"狂风用急而有力、稍快的语速读。此时，老师送上表扬，"鸿予、弈宸读出大自然的威力啦""祥意、宇宸读出了喜悦之情啦""瑜辰、子馨的读让我感受到了悲伤""奕菲、嘉燚的朗读高低起伏，抑扬顿挫"，这些属于语感范畴的表扬能促进学生语感的发展。

管建刚： 习课堂上，每一位学生的读书时间都很充分，学生反复读书会枯燥乏味。自由读、齐读、合作读、引读、比赛读，变化读是一种有效方式。读书有层次了，每个层次有不同了，学生看到自己或他人的进步了，也就不枯燥了。刘老师您的介绍给大家带来了实实在在的激励内容，熟记下来，表扬学生读书不再是那几句不痛不痒、干巴巴的话了。学生觉得读书干巴巴，跟老师的评价激励干巴巴有着密切的关系。

二、激励书写的六个内容

管建刚： 习课堂，70%的时间还给每一个学生读、写、背。学生"读"的时间充分，"写"的时间也很多，不少老师的表扬往往只是"整洁""工整""美观"。刘老师，书写您从哪些方面进行激励呢？

刘丹梅：

习课堂的书写包括抄写、问答、练笔。抄写词语。低年级是田字格格式，大小高矮、起笔收笔都应该和例字基本一致。中高年级是通行格，起笔收笔位置需要定好点位，字的大小、高矮、胖瘦要与例字基本相同，书写有力度有速度，笔画舒展，实现高仿。问答题、小练笔的书写要求：符合书写总体要求，注意竖间距要一致，从头到尾每个字都要正确书写，标点符号写到位，注意卷面美观整洁度。

书写激励可从"坐姿、正确率、速度、专注度、整洁度、美观度"六个内容去实施。

1. 姿势。

书写姿势有四条：（1）脚平放，脚尖和脚后跟都要着地，避免东摇西晃，跷二郎腿；（2）双脚与肩齐宽；（3）屁股坐在板凳面一半左右位置，避免靠椅背，东倒西歪；（4）眼离书本一尺远，胸离桌子一拳远，手离笔尖一寸远。

表扬书写姿势主要对照以上四点，可以表扬个体，也可以表扬同桌、小组。纠正学生不良姿势一般不用口头语言，而是走近他，扶正、摆端，用肢体语言纠正。

2. 正确率。

学生边写边记，认真观察汉字的一笔一画，做到书写完记忆毕。

学生抄写词语时往往不过心。习课堂讲求边写边记，手、眼、心俱备，老师要时不时提醒学生，一边抄写一边看准每一笔，用心记忆。抄写后的当堂听写也是倒逼学生抄写注意记忆的重要手段，每次默写后表扬仔细观察的、边写边记的，坚持两个月，准确率就会越来越高，边读边记的能力逐渐训练出来了。

3. 书写速度。

"作业倒计时"是习课堂的一大特点。书写有速度，并不是一味求快，而是不能太快，也不能太慢，用恰当的速度正确地书写。

拖延症很可怕。一分钟能书写完成的内容，可以拖到十分钟；五分钟能书写完成的内容，可以拖到二十分钟、三十分钟。习课堂用闹钟治拖延症。老师要经常表扬在计时内完成书写任务的学生，表扬上一次没完成但这一次完成的学生，表扬尽管没有完成但速度有进步的学生。

4. 专注度。

分心是小学生的家常便饭，一只小鸟飞过，一个橡皮掉落，一点声响，都有可能让他们分心。表扬学生的专注度，就是看各种声响发生时，学生有没有停下笔、转过头的。如，"老师走过欣雨、钰博身边，他们都没有分心""雨珊、味圌从开始写作业到现在，都没有抬过头"。除了表扬个别专心的，也可以给小组奖励。比如，"一小组读书专注，二小组专注写字，三大组每个孩子都专注""有检查人员路过，没有人关注，42个娃娃都是专注小精灵"等。

5. 整洁度。

书写整洁度评价标准：（1）卷面整洁，无黑巴、无污渍；（2）卷面无破损；（3）卷面无褶皱；（4）整体效果好。

一般情况下，老师口头表扬谁的作业整洁，学生都会懵圈。这里用展示法最直观、最有效。挑选出最整洁的作业和最不整洁的作业，实物展台上一对比，一目了然，差距一下子就出来啦。也可以在学生作业过程中，老师拿一本整洁的作业本，给前后左右的同学看。这样表扬的最大好处是不占用专门的课堂时间。

6. 美观度。

书写美观度评价标准：（1）字的大小、高矮、胖瘦、间架结构合理；（2）笔画规范、舒展、有力；（3）字间距、行距适当；（4）整体效果好。要做到这一点着实不易，学生每次书写练习时需要老师评价到位，指导到位。习课堂中每篇课文第一课时都会安排十分钟左右的练字书写时间。老师要充分用好这段时间进行个别评价和指导。如"紫涵、佳孟的字大小合理""义桐、金芮的字田字格中正确占位，但起笔没有挨边，收笔没有抵线""曦阳、宇欣书写整体美观真好看"等。

管建刚： 刘老师，不少老师不知道怎么去表扬学生，背后是他没有想清楚标准。像您这样想清楚了书写的标准，课上表扬可以张口就来。每次的表扬处于书写标准的哪一个层级也清清楚楚，表扬了第一层级的，再表扬第二层级的、第三层级的；表扬书写的胖瘦得体，再表扬书写的舒展有力……如此，课上的表扬就不是杂乱无章的。杂乱无章的表扬背后是杂乱无章的理解。

三、激励背书的六个内容

刘丹梅：

习课堂注重训练学生一边读一边记的能力和习惯。背记的内容有课文、关键词句、奖励题、自选题。背书激励从"音量、专注、速度、效率、诚信、主动"六个内容来实施。

1. 音量。

当堂背诵要控制音量。音量的激励内容：（1）自由背，用1级音量背诵的学生，自己能听清又不影响他人；（2）合作背，用2级音量背诵的同学，两个人都能听清，并且不影响他人；（3）全班背，用3级音量，老师走到哪里都能听到身边同学的背书声音。

2. 专注。

大家都在读记，容易相互干扰，一不留神会有人发呆、神游。背书专注的激励内容：（1）不左顾右盼；（2）不受外界因素影响，如为了不分心，捂住耳朵背；（3）不影响他人，能考虑身边同学而适当调整音量，或调整人的朝向。

3. 速度。

背书速度决定背书容量。（1）不漏字、不加字，不然会被打断，重背就慢了；（2）不疙瘩、不回背，回背和疙瘩是速度的杀手；（3）流畅，一口气背下来基本没有卡顿；（4）流畅，没有卡顿并有适当的语气变化；（5）提前完成读记任务，任务四的零碎时间背出了奖励题，马上复习前面的奖励题。"速度"就是看谁背得快，看谁能打败闹钟，打败时间，打败对手。

4. 效率。

效率的激励内容有：（1）能当堂背诵奖励题；（2）能当堂背诵课文重点段落；（3）能当堂利用零碎时间读记前一课任务单的错题；（4）能当堂背诵要求背的课文；（5）能当堂读记自选内容。习课堂倡导"和时间赛跑"。

5. 诚信。

有的小学生会假背，弄虚作假，蒙混过关。诚信背诵激励内容：（1）不假背；（2）不欺瞒；（3）不互相包庇；（4）不偷看。每次背书老师都要表扬以上情况，盖章发 Q 币，能营造优良的背书氛围。训练当堂背书诚信度主要靠同桌和小老师。每堂课上背得又快又好的同学可以当小老师，协助老师一起到班内巡视、查听。

6. 主动。

主动背书的激励内容：（1）积极背诵规定内容；（2）乐于挑战难背内容；（3）主动背诵自选内容；（4）主动帮助后进同学一起背诵；（5）主动背诵还没有学到的内容。学生能主动找时间背诵，提前背。

管建刚： 习课堂上学生忙读、写、背，老师忙组织、忙管理、忙激励。一个环节告一段落，老师立马表扬具体学生的具体读、写、背行为。一个会激励、勤表扬的老师带出的学生，幸福感是满满的、杠杠的。

四、语言激励的三种方式

管建刚： 刘老师，听了您的激励内容，很期待您给大家分享激励方式。

刘丹梅：

习课堂的激励方式，我目前分为语言激励、Q 币银行激励、奖励券激励。语言激励系统分为肢体语言激励、口头激励、书面激励。

第一种肢体语言激励。包括点赞、微笑、握手、拥抱、击掌等。学生认真专注时可以给他投去赞许的目光，学生书写漂亮时用大拇指给他点赞，当学生学习进步时可以拥抱肯定他。男老师可以拥抱肯定男生，女生不可。

第二种口头激励。包括管理口号激励、赞扬激励、勉励性激励等。

1. 口号激励。习课堂用课堂管理口号在"读"与"习"之间有序切换，完成任务一进入任务二，口号响起"合上语文书，坐坐好""课上紧张，课后轻松""时间动，我才动"，响亮有力的口号，激励每一位学生精神饱满地进入任务二的"习"。"完成后请挥舞起你的双手，让同学老师都看到！"一双一双小手自信地挥起，脸上洋溢着成功的喜悦。对于还未完成任务单的学生，同伴的先行一定刺激着他的神经。"同伴影响"的力量千万不要小觑。速度最快的陆续站了起来，老师过来一一敲下奖励章，又一次"同伴影响"。

2. 赞扬激励。习课堂每一个环节后，基本上都以表扬具体学生的具体行为作为课堂小结。管老师您在"家常课"公众号上发的"80个表扬"金句，给我很多启迪。我经常这么表扬："灏宸、国豪用正确的坐姿专注写字，给你们点赞""雨萱、琉祈写字笔画舒展、卷面整洁，送给他们掌声""学彧、书萱读书一会儿微笑，声音响亮地读着，一会儿皱着眉头，声音低沉地读着，牛！"——老师的表扬既是激励学生，也是给学生指明了努力的方向。

3. 勉励性激励。后进生得不到表扬会越来越后进。后进生的表扬主要是跟他们自己比。如，"刘意、佳越虽然书写慢，但比昨天进步了，表扬""彧甯、紫轩在相同的时间里比上次多做了两道题，我喜欢""瑞泽、秦伟，上课不说悄悄话了，来和老师拥抱一下"。后进生容易倦怠，老师的及时鼓励十分重要。

第三种书面激励。包括画笑脸、打五星等。按时完成背书任务可以画一个五角星，作业全，书写全优画笑脸。有的老师擅长简笔画，几笔成一画，学生非常喜欢，也特别钦佩会画画的语文老师。有的老师买来学生喜欢的卡通贴图，也很有意思。这些留在学生作业本上的激励，我都归纳为"书面激励"。

五、Q币银行激励系统

管建刚： 习课堂给每一个实验班配送了习课堂工具箱，内有一个习课堂激励印章和一叠习课堂Q币，它们是习课堂激励的两大"法宝"。习课堂上，我们看见老师盖激励章、奖励Q币，习课堂后，还有看不见的智慧。

刘丹梅：

激励是习课堂的一根红线，课上学生努力读、写、背，老师盖章、发Q币。Q币可以换取Q币银行奖贴，奖贴又能换取"跳蚤市场"购买币等。我们的Q币银行激励系统由构成系统、操作系统组成，具体如下。

第一，Q币银行构成系统。

Q币、Q币银行评比栏。

总行长（语文老师）、八大支行长（八个语文组长）、收银员（两名）、督察员（两名）。

第二，Q币银行操作系统。

Q币保存有规则：破、脏一律作废（防坏）、丢失一律不补发（防丢）、窃取别人的三倍赔偿（防盗）。

Q币发放有规则：有优必发。

Q币惩罚有规则：有错必扣。错题、不专注、不按时完成任务等，只要有错、有犯规必扣。

语文老师课上发Q币，八大支行长课间计算今日得币总数，收银员发Q币，打钩签字，换五星奖贴，督察员检查是否有乱数币、乱报数等违规现象。

八大支行长带领本行成员为支行取名，如：火星银行、粉墨银行、米奇跳跳屋银行等。学生定期计算积分，各支行定期核算签字，收银员定期兑换积分——百元换星、贴星储蓄，督察员督导检查各类情况。

课上，语文老师结合读书、书写、作业、背书情况来发放Q币。每个任务只发放一次，每次数额不同。

任务一："读"。读课文、读词语，1Q币。目的是调控课堂纪律，让学生以最快的速度、最佳的状态进入课堂。学生读，老师手拿一沓"1Q币"巡视，表现好的都能得到1Q币。已经进入学习状态的发1Q币，坐姿端正的发1Q币，声音响亮的发1Q币。神奇的变化从此刻开始。还在磨蹭的加快速度了，坐姿不正的主动调整了，走神、分心的会尽快投入到专注的行列中来。书桌上摆放了1Q币，表示任务一完美过关，没有Q币说明没做到位。一个个学习活动在"Q币"的激励下，学生会用最快速度调整进入最佳状态，再也不用为学生不专心读书发愁了。

任务二："习"。写字、听写，2Q币，写字需要速度、需要质量，那就特别需要提升专注力。坐姿正、握笔姿势好的奖励2Q币，书写注意大小、位置、结构、笔画的奖励2Q币，书写又快又好的奖励2Q币，卷面整洁再奖励2Q币，后进生有进步就奖励。学生忙着高效完成写字任务，老师忙着奖励学习币。学生桌上堆积的Q币越多说明学习力越强。Q币发放到课桌上有可能转移学生注意力，所以明确规定：不得触碰、不得观看，否则扣1Q币。老师少说话，多走动，多发Q币，在激励中既亲近学生又掌控纪律，也就是管老师您经常提到的"铁手套里温暖的手"。这样的课堂书写没有潦草的、没有质量不高的。当堂听写就更没有问题了。因为专注，正确率自然高！

任务三："读"。读重点段落和重点句子，5Q币。检查学生声音洪亮度、读音准确度、语感等。反复读很辛苦。苦嘴，口干舌燥，气喘，没有甜头要坚持比较难。表扬是最好的甘泉，润口润肺润心田；表扬是最佳的良药，强身强体强毅力。5Q币上场。坐姿正的5Q币，声音亮的5Q币，专注的5Q币，速度快的5Q币。这十来分钟里的专注度越高，任务四的完成越轻松。

任务四："习"。任务四的习题相对比较难，10Q币激励。思维导图的填写是一件困难的事，但在前期任务一和任务三的有效"朗读"下，正确率也越来越高。为了挣得10Q币，学生可是铆足了劲，争分夺秒地专注完成任务四。专注答题的奖10Q币，认真书写的奖10Q币，精准填写的奖10Q币，已经在背奖励题的奖10Q币。发放Q币，老师的声音是柔和的、目光是柔和的、面庞是柔和的，学生学习的神经时刻被Q币牵动着。

开小差的，不珍惜时间的，Q币惩罚有规则：有错必扣。Q币量化，课堂纪律问题不再模模糊糊了。后进生扣币的机会多，所以老师发放Q币不要吝啬，对他们适当放宽政策，多给挣币机会，他们尝到了甜头就会改掉不良习惯，迎头赶上的。既要照顾后进生，又要严格管理后进生，两手都要硬。

管建刚： 一手奖、一手惩、一手软、一手硬，能有效帮助学生养成学习好习惯。

刘丹梅：

Q币银行设置财富榜，评选首富、大富翁、富一代、富二代、平民百姓、穷人、乞丐，针对学情设置脱贫致富中心，到了期末不能有穷人和乞丐，要一起脱贫致富。

每周四班会课是我们的换星课。

各支行长组织成员计算。每个同学把获得的Q币总数算好，到支行长处登记。"Q币"越来越多，不方便存放，怎么办？可以兑换"星贴"。100Q币换一个"星贴"，粘贴在"Q币银行评比栏"里——每个孩子的名字都在上面，名字下各画了一个钱袋，用于粘贴"星贴"。一看"星贴"数就知道谁是"大富豪"，谁是"穷人"。

"Q币"只能存不能取吗？不是的。能取能存才是真银行，不然时间久了学生也会不在乎了。于是，我们的"跳蚤市场"给了学生用Q币的快乐。

"跳蚤市场"的兑换物品来源：（1）学生自愿捐赠，如自己的玩具、书籍、零食等；（2）老师捐赠，如书、零食、学习用品等；（3）家长捐赠，如水果、生活用品等；（4）学生用零花钱适当购买。

管建刚： 跳蚤市场与Q币"联姻"，好主意！这不仅是一个消费的过程，还是一个激励的过程，鼓励了"勤劳致富"的学生，也刺激了贫困户。同时，活跃了班级生活，改善了老师、家长、学生的关系。

刘丹梅：

到了期末，"Q币银行评比栏"已经贴满了孩子们用100Q币换取的一个个"星贴"。期末的"跳蚤市场"我们用三天有序搞定。

第一天，换币拿"现金"。"星贴"核算成Q币，如数返还学生。根据个人Q币数和总体Q币数，设定物品的种类和数量。

第二天，各支行准备物品。"你的多余，我的需要"，旧物循环利用，把家中闲置图书、学习用品、益智玩具等拿到"跳蚤市场"。

第三天，"跳蚤市场"开始。

购买方式：（1）Q币换物；（2）以物换物。

支行长总体协调，一起商量各自职责，设置岗位，如收银员、管理员、销售员、记账员、广告宣传员、保洁员等，设计好促销标语、广告、海报。各支行设摊主一名，最好由支行中Q币最多的同学担任。

我们以各支行为单位设展区，分玩具展区、书籍学具展区、文创产品展区等。课桌上分堆、分类地摆满了明码标价的商品。

各支行使尽浑身解数，吆喝的吆喝"走过路过，不要错过""大甩卖、亏本大甩卖"，招揽客源的招揽客源，有的绘声绘色地介绍自己商品的好处，有的拉来自己的好朋友友情买卖，有的拿着物品各支行转悠寻找机会推销自己的商品。无论是首富还是Q币数量相对少的孩子都会屁颠屁颠地穿梭其中。首富、大富翁们满载而归，乐得嘴都合不拢了。Q币较少的，精打细算后购买自己心仪的物品，有的凑热闹围观富豪们的物品，品头论足，还有的凭借自己的三寸不烂之舌要求分享。

这三天孩子是最开心的，幸福感爆棚。

管建刚： 把生活中的劳动致富观用到学习中，既培养学生的情商又培养学生的财商；既锻炼了学生的交往能力又融洽了师生关系，还让学生亲身感受学习中的"多劳多得"。刘老师，期末了还搞这么隆重的活动，会影响期末复习吗？

刘丹梅：

不会。紧张的复习也需要调节。孩子们都清楚的，在期末能这么"嗨皮"一下多么不容易。他们不仅珍惜这样的活动，还会在调节之后用更饱满的热情投入到期末复习中去。

对了，管老师，除了物质性的兑换，我们还有非物质的、精神意义上的商品兑换。

Q币还可以购买各类奖励券，如座位交换券、当小老师券、免作业券、免测试券、免罚券、自由玩耍券、和老师拥抱合影券、老师单独表扬信券等。跳蚤市场学生购买的是物质财富，奖励券系列购买的则是精神财富。

如拥抱券，50Q币可以换取和老师拥抱券一张，每周四都会有十几个孩子要用拥抱来表达对老师的喜爱。用100Q币换取免作业券，回家理直气壮没有任何作业，爽得不要不要的。自由玩耍券，200Q币，孩子们最喜欢的奖励券。读书时间，大部分孩子在阅读，几个拥有大量Q币的优秀孩子就相约到总行长处换取自由玩耍券，到操场畅玩幸福满满。奖励券给孩子无限的希望，是孩子主动学习的强大助力。为了挣取足够的Q币，孩子们想方设法地学习，坚持养成各类好习惯。

对了，我们的抽奖券，100Q币一张。

自制抽奖箱，里面放几十个乒乓球，上面写上序号。几乎每周每个孩子都会换取一张抽奖券。相应的序号对应相应的内容。可以抽取弹子棋、跳棋、五子棋等益智用品，可以抽取羽毛球、乒乓球、跳绳等体育用品，可以抽取免罚券、免作业券、心愿卡等奖励券。还有让孩子们笑掉大牙的冷笑话，像"凉拌猪耳朵"，就是用冰冷的手冰冰孩子的小耳朵；"熊掌炒肉"就是轻轻拍打屁股，这些小游戏搞笑又好玩，拉近师生感情，融洽学习氛围。

管建刚： 手机有看得见的技术，比如芯片；更有看不见的技术，比如操作系统。刘老师的Q币银行就是一个在背后默默运营的操作系统。激励是一门科学，激励是一门艺术，激励是一门学问，激励是每一位老师手里的魔术棒！

第四章

对谈习课堂示范

一、备朗读示范

管建刚： 习课堂认为，示范是最直观、最形象、最经济、最有效、最简单的"教"。习课堂要求老师能随时随机地示范朗读、示范写字。示范，儿童"看得见"的"教"，最走心的"教"。

樊小园：

可是不少老师认为，给小学生"示范"还不简单？其实真不简单。

有效的示范，必须建立在老师有效的备课上。

习课堂要求，课前语文老师至少读两遍课文。我对自己的朗读提了要求：字音准确，不多字不漏字，没有错读回读现象，感情尽力到位。每一篇课文都录音上传到教研组 QQ 群。

朗读备课，不能凭印象读，必须字字准确。《白鹭》一文，读到"玻璃框"产生迟疑，依稀记得四年级强调过"框"的读音。立刻查字典，"框"旧读"kuāng"，现只有"kuàng"一个读音。再翻看四年级语文书，上册《一个豆荚里的五粒豆》中"窗框"的"框"有注音。学过不等于掌握，要反复巩固。这个字，生活中成人都念旧音，易给学生造成干扰。课上读词语，把

"玻璃框"添入课件，并口头示范读窗框、方框、框子。再比如"着落"一词，很多人错念成"zháo luò"。朗读备课遇到多音字，查字典确认。手机百度，"着落"读"zhuó luò"。教材里偶有容易读错的词，朗读备课不能掉以轻心，老师的错误示范会造成全班四十多个学生的错误；相反，老师的正确示范也会纠正四十多个学生的朗读错误。

教师有了"自读"基础，就能对学生的朗读情况作出预判。《千年梦圆在今朝》一文，练读时发现比较难读，很多词语生活中不常见，尤其第七自然段。"软着陆""着陆器"两个词读着拗口，"'嫦娥四号'探测器实现了人类首次月球背面软着陆，并传回了第一张月背近距离拍摄的清晰的月表形貌图"，句子长，语言陌生，练了三四遍才读流畅。课上，学生自由读，我留意听他们是否把"着陆"读正确，长句子的停顿是否正确，对朗读有误的进行个别示范。齐读时，重点示范了这个难读的句子。

教师的朗读备课，一篇课文可能要读三遍、四遍，甚至五六遍。教四年级上册《麻雀》，第四自然段写老麻雀的两句话是朗读难点——

  突然，一只老麻雀从一棵树上飞下来，像一块石头似的落在猎狗面前。它扎煞起全身的羽毛，绝望地尖叫着。

练了十几遍都读不出满意的效果。语速快、语气强烈是肯定的，问题是快在哪儿，强在哪儿？百度搜索这一课的朗读视频，一个一个点开仔细听，都不是我想要的效果。直到听到严燕生老师在《浅谈散文与诗歌朗读》讲座中的示范朗读，才拍案叫绝。严老师是北京人民艺术剧院演员，国家一级话剧演员，他的朗读有话剧演员念台词的感染力，能迅速抓住听众的心。听了不下二十遍，练了不下二十遍，自己读好了，读明白了，才能在课上示范。学生读不好这两个句子，我马上示范，学生再读，效果马上不一样。我没跟他们讲解"飞下来""石头似的""全身的""尖叫着"这几个地方要读重音，只是读了一遍，他们就读好了。示范，的确是最直观、经济、有效的教。

管老师，您曾说习课堂强化正确、流利，淡化有感情。我的理解，这是您基于很多班级严重的拖调、拿腔拿调提出的，是怕老师们的"有感情朗读"画虎不成反类犬，而不是拒绝有感情朗读。学生朗读不拖调了，朗读流畅了，

"有感情朗读"就是自然而然的事。

管建刚： 是的。我完全赞同。

二、答任务单示范

樊小园：

做学生任务单是习课堂备课又一重要内容。你希望学生用怎样的态度书写，你就用那样的态度书写。每一课的任务单，我都像练钢笔字那样，一笔一画，有始有终。

安静、专注抄五年级上册《落花生》的词语："亩"字要写好长横，田部上宽下窄，中间的短横两端留有空隙；"播"字右上部分，撇下一个"米"，学生容易写成"采"；"吩咐"形声字很好记，书写时要注意口字旁写得小，偏上……这些有关于书写的，有关于字形记忆的。而抄写《将相和》一课的词语，则一直走神，各种念头闪进大脑，一不小心思绪飘得很远。怎么治走神？强迫自己把注意力放在一个个词语上，思考书写要领，思考哪个字学生容易写错，该教他们如何记。

由此我想到学生。学生一定也走神，有的可能在想"快点写，快点写，我要第一个背奖励题"，有的可能在想"老师怎么还不来给我盖章"，有的可能思绪飞到九霄云外，想着和学习毫无关系的事、物。习课堂要培养学生"边抄边记"的习惯，边抄边记怎么做？说白了就是自言自语。教学时，我把自己的经验告诉学生——抄写，要在内心里不断提醒自己，提醒自己写好关键笔画，提醒自己记清关键部位。我示范了"完璧归赵"的边抄边记，随后巡视我会随机问学生，抄"献上"的"献"，你对自己说什么？"得罪"的"罪"，抄得美观一点，你要对自己说什么？这样的示范接地气，这样的训练学生抄得专注，记得牢固。

做任务单不依赖教师版答案，正确或错误都能转化为有效示范。《搭石》第二课时的拓展阅读，我用红笔在任务单上记了两点心得。第1小题，阅读时间记载旁我写道：朗读如何做到边读边记不走神？要求自己带着任务读，读完想一想这一段写了什么。为什么会记这一点？我自己读课文，因为走神回读了好几次。我终于理解学生读课文为什么有"不带脑子"的现象。在思维导图旁，我记了答题方法：读完后标自然段，对照思维导图迅速分段，读相应的段落思考括号里填的词。《将相和》第二课时任务四的第1小题，"蔺相如有意避让廉颇，是为了_____"，做完和教师版答案进行对比，发现答案更好。这个题目很简单，课文有原句"我之所以避着廉将军，为的是我们赵国啊！"答题时我凭自己的印象，没有去读文找关键句，产生失误。

讲评任务单，我把红笔写的答题心得拍照投影给学生看，向他们示范了我的答题过程；也把我的错误拍给学生看，叮嘱他们答题不要想当然，要养成读题后找关键段、关键句进行思考的习惯。答题的习惯或思路，有的老师并不明白，也不知道如何去培养，很大一个原因是自己没有"解题过程"。老师把做任务单和备课结合起来，习课堂才会上得扎实，老师的示范才会全面，必要的讲解才会讲到点子上。

管建刚： 习课堂一直强调朗读示范、写字示范，现在樊老师又有了答题方法的示范、答题习惯的示范。一个老师只要跟学生在一起，那就是时时刻刻处处都在示范。示范是让学生尊重老师、服气老师的最好方法。

樊小园：

"学高为师，身正为范"，是读师范印象最深的一句话。教师的示范不仅仅是一次朗读，一次书写，教师的一言一行都是示范。"用心"备课，本身就是示范，且是最有影响力的示范。

早读前，我打开优盘里的朗读音频，让学生先听听我的朗读。晓波听了悄悄问同桌："谁读的？""一听就是樊老师读的啊！"前面的马明阳转过头告诉晓波。晓波惊讶又恭敬地看了看我，打开语文书，边听边跟着读。早读结束，学生从黑板的显示屏发现我的优盘里装满了朗读课文的音频，有的还标注了速读版、有感情版。那一刻，在小小的震惊中，他们对我的好感度又有了上升。早读也好，上课也好，我请学生认真读课文，极少有人会敷衍。他们知道我在"发号施令"前，自己努力练读过了。

新接班，第一篇课文的任务二先是抄写词语，我一定会用PPT出示自己的抄写。学生第一次看到我的字，在底下小声说："哇，老师写得好认真啊！"我说那就请你们像老师这样认真写。学生迅速安静，凝神书写。《王戎不取道旁李》一课时间紧张，读完任务一，我出示自己的抄写，跟学生说："樊老师完成任务二用了7分钟，在清楚工整的基础上，你能提前1秒完成即为挑战成功。"所有学生打开任务单，举起笔后，我说："挑战，开始！"教室里的氛围特别好，每个学生都专注于书写，在7分钟里顺利完成任务二。老师直观的示范，效果比上百句说教有用多了。五年级习作七的任务单，"日出"这个片段是我写的。课上学生读了，课后我贴出了全文，这篇习作每个学生都认真准备素材。很多同学坚持看了一周日出或日落。身教胜于言传！管老师，我真的很认同您的一个观点，只有不会示范的老师才会不断地讲、不断地问。

因身体原因，我请了两个月的病假。病假期间，我把学生版任务单认真做了一遍。12月下旬我回学校上班，新授已经结束了。第一节复习课，我给学生一页一页翻看了我的学生版任务单。当天，很多同学的素材写了这件事，请看陈天琪的《老师就是老师》：

樊老师因为身体不好，好几个月没来给我们上课了，我们都很想念她。

12月底，老师终于回来给我们上课了。第一堂课，老师拿起她的任务单对我们说："虽然这个学期的课文我没给你们上几篇，但任务单我一直在写。为什么不上课还要做？因为我想等身体好了要带你们复习呀，自己没做过怎么给你们复习呢？"说完老师翻到第一课《白鹭》，只见老师的字是如此工整、美观，仔细一看每个笔画都有笔锋，就像在练硬笔书法。

老师不光做了，旁边还用红笔写了答题心得。老师继续翻动她的任务单向我们展示，全班同学目瞪口呆，从那一页页上密密麻麻的红色字就看得出老师的辛苦和努力。除了答题感悟，老师还用红笔写上了参考答案。樊老师说："我有参考答案，但做的时候我不去看它。自己先把题目做一遍，再和答案校对。如果我写的跟参考答案不同，就会思考哪个答案更好，同时也会想同学们可能会写什么答案？他们写的答案中，哪些能判定是对的？……"老师做任务单不是只完成一个答案，还得想怎么教我们。

石寅熙举起了手，问："樊老师，旁边记录的是你写作业花的时间吗？""是的，我写的时候用秒表计时，这样才能知道要给同学们多少时间。"老师就是老师！老师如此努力，我们又有什么理由不好好学习呢？

数学老师曾经说过，你遇到个好老师是十分幸运的事。我想，我人生中遇到的好老师就是樊老师了。

由于我请假，学生近一学期的语文学习处于懒散状态，成绩回到"解放"前。没有用苦口婆心，也没有声嘶力竭，就是给学生看了我的任务单，全班态度端正地进入期末复习。一学期没好好学的晓波，以感动全班的态度复习语文，期末检测他的语文成绩实现了逆袭。

管建刚： 樊老师，您办《作文周报》每周写"教师千字文"，要求学生每周写一篇 500 字的作文，您自己每周写一篇 1000 字的作文，学生说"樊老师是最有资格教我们作文的"。您的写作示范在作文教学上产生神奇的效果。今天，习课堂的示范又再次出现奇效。教学不难，示范、示范、示范。当老师不难，示范、示范、示范！

樊小园：

管老师，说来也是巧合。病假后我走进教室，听到数学老师在催促卞耀凯同学写作业。见到我来，数学老师哭笑不得地告诉我，不好好写作业的卞耀凯，还在教室里嚷，这些作业老师又不写的。这才有了前面的一幕，我把自己做的任务单拿给学生看，没想到换来同学们十多天超级配合的总复习，教学质量也火速提升。

三、示范反复"习"

樊小园：

年轻老师请我去听课。课后我建议他练好板书上的字。

管老师，我也想起您练字的故事。您一直说自己的粉笔字不美观，但公开课上，您的板书越来越漂亮。后来听您说，课前您会百度书法家的楷书字体转换器，把需要板书的字转化成手写体，观察揣摩每个字的结构特点，每个笔画的书写要领，在高铁、飞机上，一有空就一遍一遍临摹。一个全国知名的特级教师，课前还在琢磨粉笔字，像个小学生那样一笔一画练习着，如此精益求精，课怎么会不精彩？

一手漂亮的粉笔字，一口流利的普通话，一篇生动具体的下水文，是语文老师的基本功。基本功是基础，基础就是底子，就是必须。"我自己也读不好""我自己也写不好"不能成为冠冕堂皇的借口，而是应该成为鞭策自己尽快还上的借条。为提高青年教师的粉笔字书写水平，我们学校聘请中国书法家协会会员到校进行两周一次现场培训；为提高语文教师的朗读水平，习课堂联盟校成立了网络朗读学院，聘请特级教师郑咏梅担任导师，每十天练透一到两篇课文。老师辛苦投入地"习"上一段时间，轻松的是今后一辈子的教学。

我对自己的朗读有一些自信，跟我工作不久学校组织的一次青年教师演讲比赛有关。为讲好自己的稿子，晚上去了朗诵水平最好的同事家里，请她指导。怎么指导？就是我读不好时，同事一次次示范。后来干脆拿"步步高"把她的示范录下来，回家一遍遍听，一遍遍学，最后得了一等奖。内向的我，从没朗诵经验的我，凭着勤奋地"习"，提升了自己的朗读水平。

习课堂强调课堂亲和力，许老师她咬一根筷子对着镜子练习微笑，很快她的课笑容多了，亲和力强了；何老师要上习课堂公开课，在家里把老公当学生，"试上"了一次又一次，开课那天她做到了从容自然；薛老师为读好习课堂经验交流稿，请年轻老师指导练了二三十遍……唯有"习"，才能形成能力，学生如此，教师亦是如此。

管建刚： 老师自己怎么学好语文的就怎么教语文，老师自己怎么学好作文的就怎么教作文，老师自己怎么学好写字的就怎么教写字。老师自己都没学好作文，自己都没学好写字，自己都没学好朗读，所有的"教"都将是可怕的。怎么学好语文？一定离不开"习"，离开"习"的"学"，是无根之木。

四、示范有方法

樊小园：

开课上《麻雀》第二课时，拓展阅读的 10 分钟我这样设计：3 分钟听老师示范读，3 分钟自由读，3 分钟完成练习，1 分钟课堂组织。当时，正参加郑咏梅老师的网络朗读学院培训班，时刻有展示朗读的兴奋劲。课上非常用心地全文朗读示范，管老师您听了说这样示范不行，朗读是练出来的，不是听出来的。学生练不好的词语、句子，老师才来示范。示范的步子要小。我恍然大悟，平常我们习惯整句整句示范，甚至整段整篇示范，效果的确一般。

听了您的分析，我把示范步子变小。《千年梦圆在今朝》第七自然段中"2019 年 1 月 3 日，'嫦娥四号'探测器实现了人类首次月球背面软着陆，并传回了第一张月背近距离拍摄的清晰的月表形貌图"，示范时，先领读"软着陆""近距离拍摄""月表形貌图"等词语或短语；再示范"'嫦娥四号'探测器实现了人类首次月球背面软着陆"的停顿，示范"并传回了第一张月背近距离拍摄的清晰的月表形貌图"的停顿。最后学生齐读句子就正确、通顺了。可见，示范要小步走，从词语，到短语，到句子，一步一步练。

带了一个新班，上第一课《观潮》，我发现学生齐读时一字一顿，就从第一句"钱塘江大潮，自古以来被称为天下奇观"开始示范，依次领读"钱塘江""大潮""钱塘江大潮"……从词语到短语，一点一点练。第二自然段，学生"的"字短语读不好，把"的"读重，读长，我立马示范短语："一年一度的观潮日""海宁的盐官镇""最好的地方"……练好短语，学生读句子有了明显进步。需要补充的是，治朗读拖调，教师必须时时较真，次次较真，要让学生意识到，老师的耳朵容不下"拖调"，他们才会一读课文就打起精神，努力读自然。

习课堂朗读示范的时机因情况而定。如教师预判学生在某些词、某个句子的朗读中会存在问题，可提前示范。比如拓展阅读《小麻雀》，在学生齐读前，示范读了词语"翎羽、倚靠、影壁"，示范读了句子"我试着往前凑，它跳一跳，可是又停住，看着我，小黑豆眼带出点要亲近我又不完全信任的神气"。如果学生齐读很顺畅，偶尔有地方读错，读破，该立马叫停，示范指导。有时候朗读的段落，学生出现的失误较多，频频打断不合适，可在学生结束朗读后，对有问题的地方，逐一示范，纠正。

习课堂分"读"和"习"，教师的示范除了朗读，还有书写。巡视时，常要个别示范，词语抄写中的两个重点字则属于给全班示范。很多老师示范生字书写位置过低，被自己挡住学生压根看不见。起初，不知道板书时手举到什么高度，学生看着清晰，老师自己的手也不至于太累。课后，我在黑板不同位置示范，请学生坐在座位上看，终于找到最合适的高度。

习课堂，用这样的态度去琢磨示范，把示范精细化，学生才会用心写，认真读。

管建刚： 不是亮出嗓子读就是示范，不是拿起笔来写就是示范。示范有方法，示范有窍门。示范里藏着"教"的秘密。

五、示范有亲和力

樊小园：

周利利老师上三年级《大自然的文字》，任务二结束带学生做小游戏，听课老师都觉得这个环节很生动。周老师是游戏的组织者也是参与者，她跟学生一起玩游戏非常投入，成了学生的游戏同伴。第一遍，周老师在前面示范，第二遍情不自禁地走入学生间，整个游戏过程，周老师的目光始终笑意盈盈地注视学生，甩手、摇头、打喷嚏的动作幅度比任何一个学生都要大。老师的夸张，老师的放松，老师的投入，带动了学生的夸张，学生的放松，学生的投入。亲和力，放大了示范的功效。

管建刚： 习课堂强调的课堂管理，是有温度的课堂管理，而不是管纪律。管理的温度来自管理者的温度，课堂管理的温度来自老师的温度。一个有亲和力的老师的课一定是有温度的。

樊小园：

管老师，其实，亲和力也体现在教师示范上。

班里有几个学生的字非常糟糕。小哲的字奇大无比，任何作业本的线条、格子都容不下，总是张牙舞爪地铺满作业纸。每次作业，字总越写越大，最后几行比前两行大三四倍。小凯和阿昌的字则小而模糊，看不清字形，如果拿放大镜看，没有一个笔画到位，没有一个字写规范。网上扫描阅卷，看拼音写词语，他们自己觉得正确率挺高，阅卷老师却判全错，都是缺胳膊少腿、笔画含含糊糊的字。每次抄写词语，示范完两个重点字学生开始抄写，我都严肃提醒他们，小哲把字写小一点，小凯把笔画写清楚，阿昌注意横平竖直，但是收效甚微，一学期过去，他们仨基本没变。说多了也不管用，气得我闭上了嘴巴。一次抄写，走到小哲身边，看到他的"巨型汉字"，我无奈地摇了摇头。调整好心态，接过他的笔，俯下身，在他的任务单上示范书写了一个词语，然后把笔递回他手中，摸了摸他的脑袋，注视着他的眼睛，微笑着叮嘱：跟老师的字差不多大算合格。他点点头。等我巡视完一圈再回到他身边，有种惊呆的感觉，作业像换了个人写的，笔画认真，大小匀称，每个字的大小都接近我示范的字。我拍拍他的肩，送他一个大拇指。我开心，他也开心。以后写作业，他常满怀期待问我："老师，写这么大可不可以？"他对书写上心了。

从此，学生写任务单我不再啰唆，遇到不好的字，接过笔示范一个词，学生就明白了，像老师这样写。"横平竖直"四个字，阿昌听得耳朵都起茧了，他真正理解并做到"横平竖直"，是通过我几次坐在他的位置上一笔一画地示范，和颜悦色地叮嘱。阿昌的家长说：孩子的字我们骂了四年，一直没进步，现在总算看得清了。

习课堂提出的课堂亲和力，让我这个工作了二十多年的老教师也为之激动。有了亲和力，习课堂的示范有温度了，"教"与"学"多了一份美好。

管建刚： 习课堂追求的课堂管理，不是板着脸的管理，而是有亲和力的管理。习课堂追求的示范，不是高高在上、趾高气扬的示范，而是有亲和力的示范。技术上的示范能让学生服气，情态上的示范能让学生亲近。

六、示范有小老师

樊小园：

学生特别喜欢做老师。五年级作文调研，写"我的心愿"，很多学生说长大想当老师。日常教学中，愿意做老师小助手的学生很多。请学生做小老师进行示范，会收到与老师示范不一样的效果。

期末复习，整理出本册教材读准字音的重点词语，要求学生朗读过关。这些词不是新词就是易读错的，平时出现一两个就有学生读不准，现在一大堆难读的词放在一起，中后等学生认读有了困难。我把自己示范读的音频发在班级群，供学生参考。在家长的督促下，复习效果非常好，过关测试正确率很高。第二学期，词语整理出来发到每一个学生手中，我说：老师近期嗓子不好，想把示范朗读的任务交给龚虹洁同学，请她回家录了发群里。整个下午，龚虹洁一有空就拿着词语练读，遇到不确定的翻书查看并注上拼音。个别词是最近练习题中出现的，语文书查不到，她就跑来跟我确认正确的读法。延时服务结束没多久，龚虹洁妈妈就发来朗读音频，我点开听了一遍，音色比我好，口齿清楚、速度适中。家里人听了夸道：这孩子的声音真好听。转发到家长群，家长听了也称赞读得好，继而不忘提醒自己的孩子好好读。

老师的示范跟同学的示范有区别。不如老师，大家觉得很正常；不如同学，有人不甘心，会暗暗较劲。老师的夸奖、家长的夸奖、同学的羡慕，则给龚虹洁同学极大的自豪感，我说下学期聘请她当"小老师"，在课堂上给同学们示范读课文，家长说谢谢老师。

"小老师示范"减轻了老师的负担，也激励了优秀学生。从示范中解放出来的老师，可以更好地进行课堂管理。比如，任务二抄写的两个重点字，过去由老师示范。老师专注于板书时，就无法看到背后学生的书写状态。班里容易走神的、调皮捣蛋的，会抓住这个机会偷一会儿懒。老师对学生也不放心，写几个笔画，回头看一下，有种跟学生玩"猫捉老鼠"的感觉。如果小老师在黑板上示范书写，老师就可以把注意力放在学生身上，查看学生的书写状态，进行个别辅导。

小老师示范满足一部分学生的表现欲，营造你追我赶的氛围，又解放了老师，让老师专注于课堂管理，一举多得。

管建刚： 习课堂几乎没有指名读、指名答，课堂的每一分钟属于每一个学生，不只属于外向的学生，不只属于积极主动的学生。起初，课堂活跃分子会有点不适应，就像初用习课堂的老师也会有不适感。推出了"小老师制"后，优秀学生又活跃起来了。此时的"活跃"跟彼时的"活跃"有着很大的不同。

樊小园：

一开始，习课堂并没有推出"小老师"。这里有一个过程。从最初按部就班完成四个任务，到后来有了课堂管理口令，课堂管理印章，学生的课堂纪律好了，师生配合度高了。老师一个人管理一个班，越来越得心应手了，这个时候，推出小老师示范，顺理成章。

习课堂的课堂管理口令，让课堂管理不再成为难事。一个口令，全班学生迅速到位。这给小老师示范提供了好的氛围。比如第一课时的任务二，老师说"一心一意"，学生接"不走神"的同时马上打开任务单，做好提笔准备书写的动作。由于课前准备学生已经把笔夹在了任务单当天的内容处，翻书、准备的动作一两秒就完成了。老师说口令"请你跟我来书空"，学生说"我就跟你来书空"，身体坐端正，右胳膊肘放在桌上，举起的右手用正确的姿势握着笔，眼睛注视黑板。这时黑板前示范的老师换成学生，对班级纪律都不会造成干扰。相反，小老师的示范给整齐划一的课堂中增添了新的元素，增添了新鲜感。

习课堂的课堂模式简单，师生很快就能熟悉，也为小老师示范提供便捷。习课堂任务一、任务三的朗读有规律性。比如第一课时，任务一一般为"读课文—读字词—读句子—读课文"；任务三为"读全文—读段落—读关键句、关键词"。第二课时任务一、任务三的读基本也遵循这个规律。时间长了，学生摸透了习课堂的朗读方式，哪些环节需要示范，他们心里有数，实践起来就能有条不紊。习课堂的时间非常紧凑，特别是高年段，容不得浪费一分一秒。小老师示范，以不浪费课堂时间为前提，在前期老师的大量示范下，在对课堂模式了然于心的情况下，小老师示范成了"锦上添花"。

管建刚： 公平和效率是一枚硬币的两面。有人说公平了就没有效率，有人说要了效率就没有公平。不是的，从整体看，公平和效率是一体的，公平就是效率。习课堂首先保证把课堂时间还给每一个学生，让每一个学生都有时间来完成学习任务。先考虑全体，再考虑个别。习课堂是这么想、这么做的。

樊小园：

为了发挥小老师的最佳效果。对小老师也要进行精细化管理。

刘凯、龚虹洁是班里的朗读能手。每一堂语文课，不管自由读还是齐读，他们都精神饱满、抑扬顿挫、异常投入地一遍一遍朗读。特别是刘凯，课文读得声情并茂，故事讲得绘声绘色，是个有表演欲的学生。开学，我把他们叫到办公室郑重宣布：第一单元的课文樊老师示范朗读，第二单元的朗读示范刘凯负责，第三单元龚虹洁负责。两个小家伙听了眼睛亮亮的，每天多了一项必修课——练读课文。朗读过程中遇到问题会主动来向老师请教，甚至也会百度搜索优秀的朗读视频学习。

王顺贤是年级里的硬笔字高手。经过多年书法培训的他，写出来的钢笔字超越了很多语文老师，包括我。示范写字的重担自然落在他身上。但粉笔字和钢笔字不一样，没经过练习很难写好。放假前，我发给王顺贤一块小黑板、几支粉笔、一本学生版任务单，聘请他担任小老师。新学期语文第一课时抄写词语，老师板书的两个重点字，今后请他来示范。为了能顺利上岗，假期里让他把任务单上的重点字用粉笔多练练。他觉得非常光荣，当天家长就发给我看他在家里拿着粉笔练字的照片。

小老师练习的成果就是教学的资源。习课堂重视朗读，但仍存在朗读困难的学生。小雨视力先天不足，读课文速度很慢，五年级了仍然要依靠手指点读，读着读着会串行。小鹏和小峰朗读课文节奏感差，自身又喜欢偷懒，课上不肯勤奋练读，因此朗读水平比较差。他们需要课后朗读巩固。小老师上岗前，练读了该单元的每一篇课文，选择最满意的音频发送给我。我把音频发给小雨、小峰他们。学生有个奇怪的现象，听同学朗读课文，比听播音员的更有兴趣。听小老师的音频，学生学得快。这真是一个意外的收获。

王老师的习课堂上，请学生做小老师领读词语。小老师大大方方走上讲台，学着王老师平时的样子，站在显示屏的左边，避免自己的身体挡住同学们的视线，伸出右手，每个词语领读两遍，伴着朗读右手还会姿势优美，有节奏地挥两下，那样子真像个老师。问了王老师，说是课前对小老师进行了培训。小老师得到指令要迅速上前，小老师的站位，小老师的朗读节奏，小老师的手势，甚至小老师的目光都做了一一指点。小老师不仅练朗读，还练了朗读时的体态。

为了让小老师仪式感更足，可以在网上定制几个"小老师"徽章，轮到示范的那段时间佩戴。一单元教学结束，请小老师把徽章递交给下一个小老师，并负责对新的小老师进行培训，把自己示范的经验、感悟传授给继任者。小老师除了收获经验，得到锻炼，还有丰厚的报酬——Q币。有Q币可挣，很多学生跃跃欲试。凡是想竞聘小老师的，从没有学过的课文里选一篇练习朗读，把音频发给老师。老师听了觉得好的，可确定上岗。小涵为了竞选第八单元的小老师，《忆读书》一课练了18遍，她开玩笑说差点把嗓子读哑了，这篇课文闭着眼睛都能读。熟能生巧，上课示范张口就来。同时这一单元是她整个学期中学得最认真的，任务单正确率最高的一个单元。我以为她学语文突然开窍了，后来细想，完全是"小老师"带给她的变化。小老师示范激励同学的同时，也激励着自己。

小老师不仅激励优秀学生，只要有一技之长的都可以当小老师。小菁很内向，成绩很一般，但硬笔字漂亮，请她当小老师示范写字，使她的整个语文学习都发生了变化。

管建刚："小老师"这个词不陌生，习课堂的"小老师"就是要做实做精做细，熟悉的地方做出风景来。习课堂"读＋习＋读＋习"，每一个想要用的人都能学到手，都能让课堂有效起来。然而要像樊老师那样走到深处，习课堂一点也不简单。感谢樊老师赋予习课堂示范如此丰富的内涵！

第五章

对谈任务单正确率

管建刚： 孙老师，任务单正确率是不少老师最关注的话题。这次对谈就想给您一个命题作文，当堂听写的正确率、思维导图的正确率、课内阅读理解的正确率、课外阅读理解的正确率、当堂写话的优良率，请您一个一个给我解答。

一、听写正确率

孙鹏：

好的，管老师。希望我的一些实践经验能对习课堂实验老师有所帮助。

管老师，不瞒您说，我们班一开始的当堂默写错误率也很高，并且学生当堂抄写都有错的。有一段时间，我固执地认为那是学生抄太少导致的，所以我"重操旧业"——放学回家布置再抄写词语。第二天学生到校听写的正确率确实提高了，可我并不开心。我很清楚，习课堂的目的很朴素，想让学生回家作业少一点。如今，课堂上抄写了，回家还是抄写，不是减负而是增负了。

一天，我像往常一样喊课堂管理口令："抄写词语，边抄边记。"我突然意识到，喊了这么多遍我竟然没有落实"边抄边记"。怎么把"边抄边记"转化成具体的课堂行为呢？后来我总结了四招。

1. 边读边记。

第一课时任务一都有读字词环节，备课时，我通常根据词语的多少设定30秒到2分钟不等的时间让学生读记。学生读记的形式为边读边书空。之前我只让学生读，用手指表示读的遍数，很多孩子在30秒内能够读3到5遍，掌握效果却不佳，他们只是用嘴巴读了，大脑记了没有，看不出来。这只是课堂表面的繁华。现在从读的遍数转化为读的质量，学生读字词不再像以前"哇哇"一遍又一遍，读的速度放慢了，声音放低了，书空的手指、专注的眼神出现了。

2. 边写边记。

任务二学生抄写字词，我来回巡视，寻找榜样。"你瞧，郭怡然坐姿最端正。"此话一出，所有的学生立刻调整了坐姿。"王晨赫不仅抄写工整，而且速度快。"我明显感觉有的孩子加快了速度。"罗一鸣最厉害，居然抄写一遍后用手盖住，第二遍默写，不得了，难怪听写正确率那么高，这是小罗记忆法！"小罗开心地抿着嘴巴，别的学生投来羡慕的眼神，并纷纷效仿。"小罗记忆法"这一招，可以是恰巧有学生用，老师抓住契机推广；班内没有人用，老师可以"巧设"一个榜样。习课堂认为示范大于说教，我深以为然。任务单的词语都是抄写两遍，我们学生都养成了抄写一遍后遮盖，第二遍默写的习惯，"边抄边记"得到了落实。

3. 当堂听写。

"当堂听写，我自信！"口令出，学生翻到任务单后面听写。一般我会听写3到5个词语。听写的词语是从任务二的抄写中选择学生易错的、难写的。请注意，习课堂一定要当堂听写，当堂听写不仅检测学生字词的掌握程度，更是通过抄写后的马上听写，倒逼学生"边读边记""边抄边记"。我每一篇课文都当堂听写，并且为了强化当堂听写，全对的学生可以获得两枚激励印章。当堂听写的另外一个价值就是及时反馈，学生的读—学生的记—学生的当堂听写，三个环节环环相扣，学生明白一个道理：课上紧张学，课后轻松玩。

管老师，关于当堂听写，您还在《家常课十讲》中提到，第一个月一次报一个，每个两遍；第二个月一次报一个，每个一遍；第三个月一次报两个，每个两遍；第四个月一次报两个，每个一遍……这样，当堂听写本身还能训练学生的听记能力。

4. 及时巩固。

艾宾浩斯遗忘曲线告诉我们，当堂听写后的前三天遗忘程度最高。我们语文老师大多是班主任，班主任每天的"边角料"时间比较多。我常用学生午休起床后到上课前的空隙，让学生计时复习 2—3 分钟的任务一的词语，然后全部听写。下午我尽快批改完，全对的名单贴到班级微信群表扬，一般三分之二的学生能全对。没全对的孩子课间找小组长订正和默写，放学前完成。个别完成不了的回家再次听写。这样一来，分层布置作业也实现了。这样的分层作业不是凭老师的印象，而是实实在在跟课堂的学习效果挂钩的。

管建刚： 当堂抄写两遍，第一遍抄写，第二遍默写，这招绝对有效！

二、思维导图正确率

孙鹏：

思维导图在第一课时的任务四，是读准字音、读通课文基础上要达到的更高要求，即整体把握课文内容，理清课文脉络。提高思维导图的正确率，可以从四个方面入手。

1. 读懂顺序。

表达顺序是课文结构、脉络的重要线索。有的课文按事情发展的顺序写，那么找出事情的起因、经过、结果，结构便一目了然；有的课文按空间顺序写，找到空间、地点转变的词语，结构也出来了；有的课文按时间顺序写，时间节点就是层次的划分。小学常用的也就是这三种顺序，每次读任务三，我都会把涉及表达顺序的关键词标红、加粗，引起学生的关注。久而久之，思维导图的答题正确率高了，对作文也很有益处。

2. 读关键句。

思维导图主要考查学生两个能力，一是整体把握的能力，二是概括的能力。最基础、最常用的概括方法是寻找关键句。关键句的种类有总起句、过渡句、总结句、中心句等。组织学生读任务三，我会把这类型句子重点标出来，学生反复读记。如：四年级下册《三月桃花水》任务三的自由读课文，要求一边读一边画出2个中心句。这篇课文的中心句很明显，学生找到了，文章的结构和主要内容就拎出来了，思维导图的答案也出来了。

3. 当堂读记。

习课堂之初，我没有抓实"当堂读记"是导致学生做题正确率不高的原因之一。"看书不作业，作业不看书"是习课堂的管理作业理念。这里体现了一个很重要的完成作业的指标——独立。独立作业不只是不看别人的答案，也包括不翻书。习课堂落实"独立作业"的要求非常朴素，智慧本身其实大概都是朴素的，夺人眼球的往往并不是智慧。我们常常发现，学生一填写思维导图作业就翻书。翻书作业是作业独立性不够最常见、最容易疏忽的表现形式。四年级下册的《天窗》的思维导图是一个表格：孩子们透过天窗看到什么？想到什么？学生要想独立完成这个表格，一定要读记任务单上与它相关的4个句子。如果任务三学生只是读读这4个句子，肯定填不出来，至少填不完整。允许学生翻书写答案，那不只是教学效果上自欺欺人，还误读了学生"翻书作业"也是独立作业。考试哪可以翻书？于是我也想明白了习课堂PPT的另一句话：像考试一样作业，像作业一样考试。

4. 把握难点。

学生版的思维导图我会提前做一遍，从而了解哪些思维导图比较简单，哪些思维导图比较难，难点在哪里，需要重点读记哪些内容才能解答。任务三的PPT上，我会根据句子长短，设定1到3分钟不等的读记时间。限时能带来紧迫感，学生注意力高度集中。我常采用"学生自己读记""同桌读记""抢答读记"的方法。学生答思维导图，我巡视到共性的答不上的知识点，会喊"停"，给倒计时10秒或20秒翻书。哇，你会听到"哗"一声，所有的学生把书打开，快速读记。有的课文没有关键句，但几乎都有关键词，这些中心词任务单上一般也都做了标识，我自己做过一遍后，再看看任务三的读的内容，就明白了为什么这几个是加点词，学生读的时候就可以强化，思维导图的正确也会提高。

管建刚： 谢谢孙老师给我们破解思维导图的难题。翻书作业是不独立作业的最常见、最容易疏忽的表现形式，这话说得很朴素，也很令人动容。

三、课内阅读正确率

管建刚： 孙老师，课内阅读正确率也是不少老师担忧的，您又有什么妙招？

孙鹏：

管老师，您说"阅读理解"重在"阅读"，而非"理解"，阅读到位了，理解水到渠成。我很认同。课内阅读的"阅读"不是完全放手的读，而是在教师组织下的有目的、有侧重的读。前面"读"做扎实了，后面"答"正确率自然会高。

1. 落实读书要求。

教师版任务单上经常有"读书要求"。这些读书要求是双向的：对于学生来说是"读"的方法的指导，对于老师来说是每一次"读"要达到的目标。下面我列举五个常见的"读书要求"——

第一个："自由读课文。要求：多字、漏字、错字、疙瘩的地方，反复读。"对于学生来说，要通过"反复读"的方法读通顺课文；对于教师来说，要在课堂上达到"学生读通顺"的目标。第一步，限时自由读课文；第二步，读好生字新词和难读的句子；第三步，再限时自由读课文。

第二个："自由读第 4 自然段。要求一边读一边记。"如果在任务三看到这个读书要求，你一定要高度重视，因为后面的阅读理解题里几乎 100％ 会有相关知识点检测。提高阅读理解得分率最保底的办法——学生把该做对的基础题目都做对。我采用限时背诵和检测相结合的方法。时间一到，全员背诵，我一边听一边观察学生的口型，不会背的学生，口型是不对的，可以发现滥竽充数的。一线老师都知道，只有"要求"，没有"检测"的课堂，一定会有学生钻空子。"背检结合、适度紧张、人人参与、保证效果"。这是我的16字当堂读记法则。

第三个："自由读第1—12自然段。要求：一边读一边想象。"这是读书的高级要求。想象看不见摸不着，怎么办？我主要看三点：（1）声音的抑扬顿挫；（2）表情的舒缓紧张；（3）得当的肢体动作。如《琥珀》一文就有要求"一边读一边想象"，这段话主要写琥珀形成的过程，适合用"得当的肢体动作"。

第四个："自由读全文，第5、7自然段停顿稍长。"为什么这两段要停顿稍微长？我也曾忽略了这个读书要求，后来发现停顿稍长的段落之间有关联。如四年级下册《纳米技术就在在我们身边》任务一有这样的要求：自由读课文，要求第1、4自然段停顿稍长。第1自然段有一句话"21世纪必将是纳米的世纪"，读这句话加粗"必将"，告诉学生"必将"的意思是还没有实现，只是人类的设想；第4自然段具体描写人类使用纳米技术的设想。我用男女生对读的方式，让学生明白了前后段的呼应。

第五个："自由读第4自然段，注意分号。"这个读书要求提醒老师和学生们不要忽略了标点符号。如分号常用于表示并列、对比关系的句子中。这个"读"，我格外注意句子之间的层次，通过师生对读、男女生对读读懂标点符号。

当然，习课堂任务单的"读书要求"还不止这五个。"读书要求"不是读一下完事了，落实"读书要求"就是在落实一个个的阅读方法，就是在扎扎实实地培养学生阅读理解的基本功。

2. 细化读书层次。

四年级下册《乡下人家》的任务单题目：

"青、红的瓜，碧绿的藤和叶，构成了一道别有风趣的装饰，比那高楼门前蹲着一对石狮子或是竖着两根大旗杆，可爱多了。"这些别有风趣的装饰是什么？你是怎么体会出可爱的？

教师版任务单只给了两个简单的教学环节：

1. 自由读第1自然段，圈出动词。
2. 齐读第1自然段。

只这么简单一读，答题自然会有问题。习课堂任务单给的是一个框架，这里需要我们去细化，我是这么细化的——

第一步：看插图读。我们学生都来自城市，对"屋前瓜藤攀架图"这样的画面比较陌生。所以我在PPT加入"屋前瓜藤攀架"插图，先观察图片再读第1自然段。"图文对照"，学生一下子明白书中描绘的场景，为下一步的理解奠定了基础。

第二步：男女对读。组织学生齐读重点句"青、红的瓜，碧绿的藤和叶，构成了一道别有风趣的装饰，比那高楼门前蹲着一对石狮子或是竖着两根大旗杆，可爱多了"。接着，男生读前半句"青、红的瓜，碧绿的藤和叶，构成了一道别有风趣的装饰"，女生读后半句"比那高楼门前蹲着一对石狮子或是竖着两根大旗杆，可爱多了"。为什么分开读？这个句子包含了两层意思，男生读的前半句就是第一题的答案，后半句是作者表达的情感。

第三步：教师引读。我引读"瞧，乡下人家的门前有一道别有风趣的装饰"，学生接读"青、红的瓜，碧绿的藤和叶，构成了一道别有风趣的装饰"。我继续引读"是啊，青的、红的瓜，充满着生活的气息，是多么的淳朴亲切啊"，学生接读"比那高楼门前蹲着一对石狮子或是竖着两根大旗杆，可爱多了"。瞧，老师的引导语就是对句子的概括和总结，也帮助学生再次梳理句子的重点。

您看，我用了"看插图齐读""男女生对读""教师引读"，学生读透彻了这个句子，也抽丝剥茧梳理出问题的答案，学生的正确率自然就高了。

3. 审题要求到位。

阅读理解题，不少学生眼睛扫一遍题目，急急忙忙动笔了，他们以为这是司空见惯的题目。事实上，出题的人越来越"狡猾"，到处都有陷阱，陷阱上还铺上了掩人耳目的树枝、树叶，不仔细看都会掉下去。这些学生，老师一点出题干里的关键词，往往会"哦"的一声。那一声"哦"暴露了他们错题的原因。我要求学生审题做到三点：一、认真读题，做到不添字、不漏字。

二、咬文嚼字，读懂题。咬文嚼字就是要善于抓住问答题、填空题、判断题、选择题中的关键字词义。三、批注题干，留下思考痕迹。如《绿》一课，一道阅读选择题有一个选项："大自然的绿既是静止的，也是动态的，本节采用了动静结合的手法。"学生会在选项上把"动静结合"圈画出来，并打个叉。

4. 提供答题范式。

如："科学家们希望能全面揭示这一历史进程"中的"全面"可以去掉吗？为什么？这种题型分三步答：第一步回答不能去掉；第二步解释词语"全面"的意思，以及在这个句子中代表的意思；第三步回答"去掉这个词，语言表达就不严谨了"。"概括题""赏析题""结合生活经验谈感受"等，都有答题的基本范式或者说基本套路，我们可以抓住任务单讲评的环节教给学生。

管建刚： 真功夫都是苦功夫。所有妙招的背后都是老师的付出。教师版任务单上的"读"是一个基本款，如果想要更好的成效那要细化。孙老师您是完全读懂了。

四、课外阅读正确率

孙鹏：

任务单上也有课外阅读材料，如《绿》的课外阅读材料是《西湖漫笔》，《母鸡》的课外阅读材料是《柱子上的母鸡》……不仅丰富学生的阅读，开阔学生的视野，还承载着训练学生阅读能力的任务。

1. 读熟材料。

一定要落实"不读熟不答题"。课内阅读的相关片段学生已经在课上读了多遍，答题时大致浏览即可。课外阅读完全陌生，学生必须在读熟的基础上才能动笔。然而常有学生浏览一遍阅读材料就开始答题，答题不正确、不全面、不透彻的现象也就不足为奇了。

假设任务四有三道题，其中第三道题是课外阅读。那么我在时间设定上分三段，第一段做任务四的第一、二道题，第二段读课外阅读材料，第三段答课外阅读题。一般来说，第二时段读6分钟，第三段的答题可能只有3分钟，也就是重在"阅读"。我还有一个经验，读课外阅读的材料，第一阶段放声读为主，默读为辅；第二阶段放声读为辅，默读为主；第三阶段才是完全默读。

2. 读懂题干。

材料读充分了，还不能着急答题，而是读题干、圈画关键词。如：选择题题干中的"错误选项""多选项"，还有每个选项中的重点词都要圈画出来。又如：问答题提出了几个问题，题干是要求联系上下文回答，还是结合自己生活经验回答。再如：判断题中最明显的错误要圈起来，减少检查的时间。磨刀不误砍柴工，做好读熟材料和审清题目后再答题，学生心静了很多，也避免了所谓的粗心；粗心的背后是气不定、神不闲，仓促答题。

3. 读懂要素。

开学前，我会通读课本上语文要素，整理出本学期学生要掌握的阅读知识和阅读方法。比如，四年级下册教材上要求学生掌握的阅读要素：（1）体会文章表达的思想感情；（2）了解写景文章的表达顺序；（3）把握文章的主要内容；（4）感受童话的奇妙；（5）从人物语言、动作等感受人物的品质。然后要细化"语文要素"，如"体会文章表达的思想感情"，我要教学生掌握"抓文章题目体会""抓关键句子体会""抓具体描写体会"；"了解写景文章的表达顺序"，学生要知道景物变化顺序、游览顺序、时间顺序、空间顺序等；"把握文章主要内容方法"则从"抓关键句法""合并归纳法""取主要内容法""拟小标题法"等入手。如此了然于胸了，上课才能游刃有余了。

有老师会问习课堂哪有时间讲这些？那你忽略了习课堂的"读讲义、读板书"以及"最后一公里"。

4. 读懂能力点。

寻找题目背后训练的阅读能力，那就找到了解决问题的核心。如四上《普罗米修斯》的拓展阅读后面有三道题：

（1）圣人被什么启发，发明了火？找出相关语句。（2）"燧人钻木取火"是中国古代神话，画出神奇的地方。（3）燧人是一位什么样的人？

第一道题考查学生提取关键信息的能力；第二道题考查学生对于神话体裁的了解，即神话的神奇就是现实中不能实现而在故事中可以实现的事情；第三道题考查学生在具体事例中分析人物品质。看到题目背后的能力点，批改任务单看到的不再是一个个零散的错题，而是背后相应阅读能力点的欠缺。上一篇课外阅读跟这一篇课外阅读的题目，内容上可能是风马牛不相及的，而在能力点上则是大体一致的。心里清楚明了，讲评也好、点拨也好，都能四两拨千斤。

管建刚： "读熟材料—读懂题干—下笔答题"，这也是在训练学生的答题习惯。"读懂要素—读懂能力点"，这也是在训练老师的专业能力。

五、写话优良率

孙鹏：

管老师，起初，我认为写话的主观性很强，应该任由学生自由发挥。却不想，学生越来越应付，有的干脆空着不写。怎么办？我想起了习课堂备课的要求，老师要把任务单做一遍。现在，我老老实实做一遍任务单，包括写话。这一"写"，我发现了写话题之间的异同点、重难点。

1. 读懂写话。

以四上《小学语文家常课任务单》为例，分散在每课的"写话"，可分为五类。

第一类：串词成段。顾名思义，把一些词语按照一定的要求连成一段话。有的题目要求用所给词语写一个连贯的故事，有的题目要求写出一个具有画面感的场景。写"画面感"主要考查学生用"五感"描写所见、所闻、所感。

第二类：联系生活。主要考查学生联系已有生活经验、知识，结合文本，谈自己的看法、收获、启发等。我称这类写话为"风筝题"。顾名思义，风筝无论飞得多远，总有一根线牵着。写好它要做到三点：言之有"据"，言之有"序"，言之有"情"。

第三类：仿写片段。这是指把课文中某些具有典型特点的"写作密码"，迁移到自己的写话中。它有很强的模仿性以及训练的针对性，是落实教材中"写作要素"的重要抓手。

第四类：角色替换。指站在文本的某一角色定位中，结合文本内容，入情入境地写。小作者既能跳出文本，写自己的感受，又能跳进文本，让写话在课文情境里自然流淌。角色替换的最大好处是架起了读者和文本之间的桥梁。

第五类：续写诗歌。诗歌和其他文体不一样，作者通常抓住某些典型景物或场景，用优美的语言描绘特定的画面。诗歌续写，还要注意句式相似、词尾押韵、意境相同。

有了以上分类，任务三指导学生"读"，我就清楚让学生读什么，为什么读。为什么这一段要反复读？这一段话为什么要反复读这个关键句？为什么这个地方要反复读动词？为什么这个地方要结合自己的经历读？从而让任务三的"读"为任务四的写话做好准备。

2. 读懂例子。

学生不能把教材上的典型写法迁移到写话中，根本原因不是老师没有"讲透"，而是学生没有"读透"。要想学生读透彻，教师要提前梳理任务单上"读"和"习"的关系。

四上《蟋蟀的住宅》的写话：

　　本文用了很多连续性动作描写，生动写出了蟋蟀是如何建造住宅的。请你也用这一方法，写一写蚂蚁搬运食物的过程。

任务三"读"的环节，我出示了文中蟋蟀建造住宅的相关句子后，展开如下教学——

（1）齐读句子，整体感知蟋蟀建造房子的过程。

（2）读标红关键连续动词：扒土、搬掉、踏地、推、铺开。

（3）带动作齐读段落，感受连续性动词的魅力。

（4）读板书：用上连续性的动词，描写过程。

瞧，读段落—读动词—带动作读—读板书。"读"的过程就是学生聚焦重点、聚焦写法的过程。

3. 教师示范。

习课堂强调示范，要学生读的，老师先读；要学生背的，老师先背；要学生写的，老师先写。这是回到了正常、朴素的状态。

四上《走月亮》的写话：

> 你还记得月下的哪个情景吗？"望星空""踩影子""尝月饼""听故事"等，选一个，仿照第 6 自然段写一写，写出你看到的、听到的、闻到的、想到的内容。

这是仿照第 6 自然段，发挥想象用"五感"写景物。我自己写后预判到，用"五感"写景物，学生会写不生动、写不具体。于是我把难点定为：把景物写生动。我自己的下水文，有意运用比喻和拟人来突破难点。请看我的《望星空》：

> 深蓝色的夜空中，挂着一轮圆圆的月亮。月亮像一个调皮的小姑娘躲在一层薄薄的轻纱后面，好像偷偷地对人间眨着眼睛。周围的星星挤在一起。听，她们仿佛吱吱喳喳讨论着周末舞会要穿的衣服。看，那颗最亮的星星，正在炫耀她的新舞裙呢。起风了，月宫里的桂花一定飘落一地，香得星星们都闭上了眼，睡着了。

课上我展开如下教学步骤：

（1）学生自由读下水文，感知"五感"写景物的特点。

（2）学生读关键句，感受修辞的基本范式："某物像什么，好像在干什么"。

（3）学生齐读板书"用上修辞，写活景物"。

（4）设定时间，学生写话。

我没有喋喋不休地讲技巧，而是融入朗读里，关键处读板书即可。学生怎么学习作文的？主要是通过例子而不是讲解。老师的下水文的例子比课文本身更有号召力。

管建刚： 习课堂强调把课堂时间还给学生，要求老师们要"管住嘴，迈开腿"。怎么"教"呢？示范。老百姓爱刷抖音。学烧菜，刷抖音；学跳舞，刷抖音；学写字，刷抖音；学化妆，刷抖音……抖音都在示范，示范就是魅力！

孙鹏：

4. 同伴示范。

学生写话，我会走到学生身边，看他们哪里卡壳了，顺势找优秀的同伴范文来示范。四上《一只窝囊的大老虎》的写话：

"我"的演出窝囊吗？请你结合生活经验开导"我"。

巡视中，我看到大部分学生只会空洞地讲道理，不会结合生活经验开导别人。如何安慰才能既合理又入情呢？带着问题我继续巡视，发现杨依然结合了自己的生活经验。我马上读给全班听，并顺势评价：有结合课文内容说老虎有各种姿态的，有结合自身成长经历谈感受的，最后杨依然还很贴心地给出合理建议，杨依然的安慰是多么入情入理啊！

又一个孩子写得跟杨依然一样精彩。我又读了。有了两位同伴的示范，几乎所有的学生都学会了怎样结合课文和生活安慰别人。我明白了，写话可以在写后展示，也可以在写中展示。习课堂强调"脚步就是管理"，甚至提出一堂课至少要走 500 步。走到学生中间去，一能进行有效的课堂管理，二能发现写话的问题，三能找到解决的例子。

管建刚： 习课堂的示范分老师示范和同伴示范。两者不等同，也不可随意替代。

孙鹏：

5. 竞争与合作。

为了"愿写、乐写、会写"，我经常跟学生"当堂竞写"。比什么？一比速度，看谁能超过老师；二比质量，看谁能达到写话要求，获得"质量星"。

我喊口令"师生比赛"，学生回"不服来战"，设定倒计时，开始写话。提前写好的，在旁边记录完成的时间，方便选出速度最快的。注意，教师的写话速度是可控的。开学初，学生的速度还不是很快，教师可以故意放慢，故意输给部分学生。虽然只败给了部分学生，却能让全体学生收获信心，老师不是不可战胜的。两三个月后，学生速度提高了，教师可以加快速度，给学生树立追赶的目标，调动他们比拼的欲望。

一般当堂展示一个学生的作品。这"一个"有讲究。有时选最快的，有时选速度进步最大的，有时选只求速度不求质量的投机分子。老师读学生写的话，读到符合"质量星"标准的地方，语速放慢。学生耳朵听老师读，眼睛看屏幕上的达标要求。符合一条标准，做一个"O"的手势，不符合就用两个食指交叉做错号。这样，教师读和学生评同步进行，老师读完了，学生评价也完成了，还能防止学生听的时候开小差。

有时间当堂展示一定要当堂展评，一能给中后等学生模仿的机会，二能让学生明白老师不只是关注速度，还关注质量。没时间的退而求其次，讲评任务单时展示。

偶尔我也安排同伴合作写。

这不是随意安排的，而是根据教学内容决定。四上《现代诗二首》的续写：

> 读了《花牛歌》，展开想象：花牛还会在草地上做什么呢？仿照诗句写一写，用上拟人。

小组合作写有两种形式：（1）小组转圈写，A4纸转圈依次轮流到每个人手里，每个人都要写，不准漏人；（2）小组转圈说，一人主写，其他三人依次转圈口述。

管建刚： 习课堂不太主张合作和讨论，因为很容易陷入表面热闹，当然偶一为之，活跃气氛，也可以。

孙鹏：

6."最后一公里"。

管老师，我建立了一套"写话讲评制度"，我从书写速度、书写质量、完成质量三方面来评价。

（1）速度星。看学生是否在规定时间内完成。完成可以得1颗星。

（2）书写星。写话卷面干净，字体规范，大小均匀，无错别字，得3颗星；写话卷面少量涂改，字体基本规范，大小基本均匀，少量错别字，得2颗星；写话卷面有涂改，字体不太规范，大小不均匀，有错别字，得1颗星。

（3）质量星。评价写话老师喜欢按印象给分，笼笼统统，模模糊糊，不利于学生写作能力的提高。应该有细化的清晰的评价标准，学生明明白白地写，清清楚楚地订正。前面说过，四上《小学语文家常课任务单》的写话我划分为五类，我给每一类梳理了 3 条"质量星"的评价标准。

写话类型	"质量星"标准
串词成段	◎语句通顺，表达完整，得 1 颗星。 ◎用上修辞，得 1 颗星。 ◎用上"五感"，得 1 颗星。
联系生活	◎语句通顺，表达完整，得 1 颗星。 ◎课文内容和生活相结合，得 1 颗星。 ◎有理、有序、有情，得 1 颗星。
仿写片段	◎语句通顺，表达完整，得 1 颗星。 ◎用上连续的动词，得 1 颗星。 ◎过程写清楚，得 1 颗星。
角色替换	◎语句通顺，表达完整，得 1 颗星。 ◎结合文本，写清原因，得 1 颗星。 ◎转换身份，入情入境，得 1 颗星。
续写诗歌	◎语句通顺，表达完整，得 1 颗星。 ◎关注动词，描写场景，得 1 颗星。 ◎押韵，有节奏感，得 1 颗星。

管老师，您的《我的作文教学革命》里讲到写作动力系统。我们班也有一个作文激励系统。

第一级：周作文"小青铜"，人数比例 50%；

第二级：周作文"小达人"，人数比例 35%；

第三级：周作文"小榜样"，人数比例 15%；

第四级：月作文"小明星"，三次获周作文"小榜样"可获此殊荣。

我们打通了单元作文和任务单写话，任务单写话得到的等级跟单元作文一样。每周，小组长按照比例算出学生人数，并在小组栏内公示名单。

周作文"小青铜"，得1Q币；周作文"小达人"，得2Q币；周作文"小榜样"，得5Q币；月写话"小明星"，得10Q币，并抽奖一次。奖品分别是：

一等奖：语文作业布置权，两天。

二等奖：和自己喜欢的人做同桌，两周。

三等奖：免惩罚券一张。

小小的精神奖励，学生却非常喜欢。"小达人""小榜样"总集中在10多个学生身上，于是增加了"进步小榜样"，调动了全体学生特别是中后等生的积极性。

管建刚： 您把写作动力的激励系统跟任务单的写话结合起来，习课堂因您的创造性使用而更具生命力，谢谢您孙老师！

第六章

对谈任务单讲评

一、正确认识任务单

管建刚： 梁老师，任务单的讲评是老师们很关注的内容，也是我很关注的内容。习课堂非常强调作业的有效性。而任务单讲评和订正是有效作业的"最后一公里"。"最后一公里"没有走好，不是说前面九十九公里走了，就能得 99 分了，很有可能导致前功尽弃。任务单是习课堂的三大抓手之一。首先请梁老师谈谈你对习课堂任务单的认识。

梁迎春：

我和我的同事看到任务单的第一反应就是觉得它和导学案、练习单、预学单非常相似，随着实践的深入，我们逐渐发现这种认识是不正确的。

任务单不等于练习单。

首先，它是课堂"学"与"习"的联系单。

习课堂每课时有四个教学任务，四个任务之间是两两对应的，任务一对应任务二，任务三对应任务四，任务一和任务三是学，任务二和任务四则是学了之后的应用。习课堂真正把读的时间还给了学生，读书内容的设置都遵循从整体到重点部分的原则，对于关键词句都有引读和必要的讲义，这些都为后面的"习"做好了铺垫。一开始，我没有很清楚任务前后的对应关系，只是按照习课堂设置的程序，根据要求划定内容让学生读，效果很不理想，因为没有明确目的地读，让学生感觉有些枯燥，学生任务单也常常一错一大片。后来，我结合学情，根据任务二、四倒推任务一、三的读书要求，效果大为改观。

以每课第一课时任务四中思维导图填写为例，当我把问题前置，就发现第一课时任务三的朗读，在通读段落后大都有"读句子"的环节，这些句子都是段落的关键句，这些句子的关键词通常都会加着重号，读通、读懂这些句子，注意加点词语，基本上也就了解了这些段落的主要内容。而且任务三在设置朗读段落的时候，也根据表达主题进行了相关部分的切分。可以说，只要在任务三中真正读明白了，任务四的思维导图是不难填写正确的。但是如果老师搞不清对应关系，任务三的读很容易变成没有目的的"白读"，学生在朗读中不能提取到相关的信息，正确填写任务单也就很难了。

任务单是"学"与"习"的联系单，有了学的铺垫，才能有任务单的学以致用，学得不到位，用起来正确率自然就低。当我们最初用习课堂，任务单正确率不高的时候，先要思考一下学生读得是不是到位了。学以致用，用以促学，要做好任务单"学"与"习"的一一对应。

其次，它是学生学习习惯的养成单。

先来看我们班之前做过的一个练习，六年级上册《狼牙山五壮士》第一课时任务四的第二题：

　　　课文记叙的是发生在（　　　）时期的故事，七连六班的五位战士（　　）、（　　）、（　　）、（　　）、（　　）为了（　　　　），一路顽强歼敌，将敌人引上狼牙山顶峰，最后（　　　）。

这个题目中，有一位同学在"五位战士"后面的括号里填入了接受任务、痛击敌人、引上绝路、顶峰歼敌、英勇跳崖。大多数同学在"为了（　　）"这一问里填入"掩护群众"或"掩护群众、七连"，答案也不准确。

以前，碰到这样的错误我都是讲评，然后让学生改错，甚至直接把答案投影，让学生抄写正确答案。遇到习课堂以后，我开始思考是什么让学生出现了这样的错误，要从做题习惯和思维误区的根本上寻找解决办法，后来我就发现前者是学生不会审题，做题的时候缺少整体观，不注意题目的前后联系——后面有"为了（　　）"的问题，前面就不能填事情发展的过程；后者是因为学生没有真正读懂文字，不能准确提取关键信息。第二问的回答，我们可以先回到课文第一自然段中的关键句——"把掩护群众和连队转移的任务交给了六班"，可以知道六班接受了任务，这个任务就是掩护群众和七连转移，这里是有补语的，不是掩护群众和七连运输物资，也不是掩护群众和七连修筑工事，而是转移。

问题的背后反映的是学习方法和学习习惯，学生读书不能字字入心、不能提取关键信息，才导致答题不准确、不完整。

关于任务单讲评的问题，管老师说过一句话："不要总是盯着手里的方向盘，手握方向盘，要抬头看前方。"任务单出现的问题，有很多是学习方法、学习习惯的问题，要由任务单倒逼习惯养成。

所以说，任务单不是练习单，它是习惯养成单。

第三，它是学生课堂学习的反馈单。

之前，一节语文课下来，学生究竟掌握到什么知识，每个学生从听、说与读中提取了多少信息，都是抽象、不可见的。习课堂的任务单，就是把学习效果做有形反馈，看一下任务单的完成率、正确率、书写认真度，每个孩子的课堂学习行为都不再是抽象的了，变得可视化，让我们可以真正做到基于数据分析的针对性教学，让学生在语文课堂上获得满满的成就感。管老师您说过：成就感永远是最好的前进动力。

所以说，任务单是学习效果的反馈单，它能指导我们因材施教。

综上所述，就是提醒大家，不管是新接触任务单，还是用了一段时间任务单，一定不要简单地把任务单等同于练习单，更不要擅自把某一个任务，放到课前或课后让学生自己做练习，这就违背了习课堂的教学理念。

这是我结合自己的实践谈的对任务单的认识，在管老师的著作《家常课十讲》的第三讲《习课堂任务单》中，对此有非常精细的论述，对习课堂感兴趣的老师，还是很有必要去读一读的。

管建刚： 您的认识太有价值了。时有老师说想要一本任务单给自己的孩子做做。我是不赞成、不同意的，因为他们就是简单地把它等同于练习单。只有认识了习课堂任务单的功能和价值，才能真正发挥它的作用。

二、眼里不能只有任务单

管建刚： 梁老师，听说您做习课堂也走过一段弯路？

梁迎春：

是的。初遇习课堂，真是相见恨晚，拿到任务单之后，实践的心情异常急切，恨不能马上就开课，就上习课堂，分分钟创造学生进步的奇迹。那时候，我把更多精力放到了习课堂各个环节的准备和实施上：每个任务用多少时间；任务单当堂能不能完成；任务单批改后，学生能不能改对……我的眼里都是任务，任务单的完成指标也很单一——完成、完不成，做对、做不对。

学生的任务单密密麻麻地填满了，我也朱笔批阅，学生红笔修改，看看用完的任务单，感觉还是很有成就感的。但是，它作用在学生学习上的效果并没有达到我的预期，因为离开任务单，学生的书写立刻就"离经叛道"；离开任务单，相似问题学生还会出错；离开任务单，学生做题不认真，审题不清。用任务单的学生和平时做练习的学生有些判若两人。

管建刚： 问题出在哪里？

梁迎春：

我复盘自己的教学过程，发现在使用任务单的过程中我更多关注了学生的物化表现，比如有多少同学能在规定时间内完成任务单，任务单完成率是多少，哪道题是学生练习的障碍……我的眼里只有任务单上的题目，对学生的学习状态忽略了很多。于是，有一部分学生做任务单的时候，不专注、不认真、不讲究方法，因为也是刚刚用时间管理，"在规定时间内把题目做完"就成了他们的做题标准。这就导致了出错率很高，而且也滋养了只求快不求好，只求做完不求思考的坏习惯。对于改错，也没有相应的纠错意识，他们就觉得错了就错了，改过来就是了，改完了也不会去思考为什么错了。他们成了任务单机械的完成者，省略了思考的过程。

我的眼里只有任务单，学生的眼里只有任务单的完成，成为效果不佳的主要原因。

管建刚： 找到原因之后，您是怎么做的？

梁迎春：

接下来的习课堂，我把视角转向学生，关注任务单练习时间的设置对哪些同学充裕，剩余时间除了背奖励题，还可以拓展背诵；对哪些同学来说不够用，是什么原因导致的。寻找现象背后的原因。同时，加密了课堂脚步管理，巡查学生的学习态度，遇到书写认真、审题清楚的，随时加盖习课堂印章。任务单的讲评，我也加入了优秀学生的做题经验分享。

总之，就是通过任务单，落脚到学生学习态度、学习习惯、学习过程的管理上，一段时间以后，该来的都来了，期末的时候，我班成绩就从全级倒数第一逆袭到第三名，分班时班里之前考 22 分和 35 分的两个同学也都及格了，其中一位同学还对我说：老师，以前的语文课我没事干，一坐一节课，挺烦；现在的语文课，有事儿干，一节课过得还挺快。

所以，希望大家避开我的弯路，拿到任务单的时候，不要急于套用模式，忽略了学生这个学习主体。

管建刚： 是的，经常有老师把任务单的对错看成习课堂教学好坏的主要指标。这是要警惕的。能力的发展不可能一蹴而就。学生的能力不可能因为一节课得到较大提升，也不可能因为一节课而有多少下降。要关注学习态度，态度是可以一夜间发生重大变化的。所以，习课堂首先看开小差是不是少了，课堂纪律是不是好了。

三、任务单讲评：反馈与表扬

管建刚： 任务单讲评前要批改，您是怎么批改的？

梁迎春：

最初用习课堂是很忙碌的，很多时候，都是上午课堂做，接下来的空课，差不多一节课就能把班里 43 个同学的任务单全部批完了，下午有课或者托管的时候，抽时间订正，保证当日任务单当日讲评。

　　批阅中，我会根据学生的任务单完成情况随批随手分类，一般分成三类：做题态度认真、正确率高的是 A 类，任务单封面画星；做题态度不认真、出错率高的是 C 类，任务单封面画三角；居中的是 B 类，任务单封面画圈。同类的放到一起。一星 2Q 币，一圈 1Q 币，一三角要倒扣 1Q 币。一周集中兑换一次，并对 A 类的优秀做法和 C 类的典型问题进行拍照展示。

　　学生把任务单分类抱到班级，学期初就指定了三名同学分别发不同类别的任务单，学生根据发放自己任务单的同学就可以知道自己和周围同学本次任务单完成的等级，得 A 的同学当然很自豪。还是回到管老师那句话：成就感永远是最好的前进动力。

管建刚： 批改是作业的"最后一公里"的关键一步，您做得太好了。

梁迎春：

　　讲评第一步，先进行本次任务单完成情况分析，说一说每类任务单的人数。然后请 A 类同学到讲台上进行拍照留念，同学们掌声点赞。同时出示 A 类作业，让学生看到具体的画面，老师点评为什么这些作业被评为 A 类作业，强化 A 类作业的标准，让每位学生都清楚如果自己的作业想要得 A，需要做什么。有时，还会把 C 类作业和 A 类作业放到一起进行展评，让学生在对比中具体感受优秀与差距。

　　讲评第二步，抽选 A 类同学中特别优秀的同学来介绍一下做题经验，自己有什么技巧、方法，或者当时是一种什么样的学习心理、学习状态。作业优秀的同学分享自己的做题经验，感觉很荣耀，对他自己是正向激励。因为从同学中来，所以，他介绍的经验在其他同学听来也有亲近感和榜样示范的双重意义，很容易形成班级现象。

　　比如第 8 课《灯光》任务四有一个填标点符号的题目，全班只有小高、小林和小威三个同学做对了，我就先请这三位同学说说自己怎么做对的。

　　小高说："这个题目是从课文中节选出来的，平时读课文的时候，我注意到了这个地方的标点符号有些特殊，就特别理解了一下为什么用这样的标点。"小林说:"平时考试的时候经常会有考查标点的题目,所以学课文的时候,我都会特别找一找有没有用特殊标点的地方,有的话,我就会特别记一记,也就记住了。"小威说:"我不是第一自然段老没背过嘛,我就反复读,反复背。做的这个题目是第二自然段的内容,我常看第一自然段,顺带就看到第二自然段的内容了,也没怎么用心就记住了。"

三个同学三种方法,第一种方法是读书方法,也就是我们平时读书的时候要关注什么,不仅仅是读字符,还要读标点,尤其要关注一下特殊的标点;第二种方法是考试策略,要知道考点是什么,并根据考点进行有目的的复习,捕捉考点的能力也很重要,这是今后应对各种考试及选拔的必备能力;第三个同学的发言看似没有方法,歪打正着,其实也有方法,那就是熟能生巧。

三位同学用自己的语言、自己的经历,形象地介绍了自己成功的做法,这比我讲给同学们的"动听多了",他们乐意接受,也希望成为经验传授者。

同时,对于一些比较典型的方法,我会用"名字+方法"的方式命名。比如,我们的邱清雅,是一位聪明灵动的女生,她把习课堂的时间管理迁移运用到课后作业上,包括数学、英语作业。在家做作业就打开计时器,最后把每次作业用时记录到作业本上,她说这个办法提高了她的作业效率,让她做作业很专注。我把这个办法命名为"清雅计时法",在全班各学科推广,也发现了一个有趣的现象,同样一份作业,有的同学15分钟完成,有的同学32分钟才完成,所以,真不能随便就说作业多,有的孩子的确是作业习惯不好、作业速度太慢。管老师也说过:习课堂向优良的作业习惯、作业速度、作业质量要成绩。把脉真准,有的孩子就是没有作业速度。还有"铵泽审题圈画法""召成答题对应序号法""业洹阅读分段理解法""佳琦书写对齐法"……获得命名后颁发学习方法专利证明。一个专利可以兑换10Q币。在日常的任务单完成中,我也会不止一次地提醒同学们使用这些专利法。

这些具体的表扬,都极好地提醒着学生完成任务单的方法,强调着完成任务单时脑力的参与。

管建刚: 我不知道梁老师有没有看过我的《一线带班》和《我的全程带班录》,您所做的跟我在这两本书中提到的做法几乎如出一辙,学生作文写得好，讲评的时候我会用"欣怡表达法""少东表达法"，这样的激励能让这些"写法"变得可亲起来，不就是我们班的同学嘛！刚才，大家听了梁老师的介绍，第一反应一定是梁老师批改作业一定花了很多时间。

梁迎春：

不是的。

其实养成了习惯是一样的。就像写字慢的学生的字不一定好，写字快的学生字不一定不好。只要经过有效训练就能实现又快又好。

四、任务单讲评：重思考路径

梁迎春：

管老师，您说得太对了！表扬就是正向激励，就是向好的力量。

在情况分析、经验分享之后，任务单讲评要进行的是第三步"集中改错"，就是老师把在批阅过程中发现的学生共性问题和典型题例以及暴露出的做题习惯问题进行集中呈现。

一是投影共性出错题例。先进行原题呈现，学生在老师的指导下再走一遍做题的思考过程。比如《七律·长征》中有这样一道题目——"金沙水拍云崖暖"中的"云崖"最初用的是"悬崖"，你觉得"云崖"比"悬崖"好在哪里？这里在提出问题的同时，也给出了解题路径：1. 区分字义；2. 解释在句中的不同效果；3. 表达了或突显了什么。学生普遍存在的问题是回答不完整。对字义只有解释没有区分，忽略词语在句中的表达效果，"突显了什么"表达得不准确。

我把这道题目投影出来后，我不去讲，而是让学生继续读，分四个层次读：重读题干，圈画出题干中的关键信息"云崖""悬崖""好在哪里"，然后让学生齐读做题提示，读完后自己在关键词下加着重号。学生提取出"字义""效果""表达""突显"四个词语后，我让他们再读自己的答案，看自己有没有顺着提示的思路进行答题，自己答出了什么，没有答出的是什么。最后打开课本读一遍诗歌和注释以及诗歌中心，结合给出的提示方法，再自主改错。

二是典型题例的集中改错。有的题目是没有解题路径的，我就尽量在"集中改错，原题重现"时总结出解题路径，引导着学生自己再走一遍思考过程（这里还是要强调一下，不是我讲答案，是引导着学生再走一遍思考过程，这个思考过程也是体现在"读"里）。

我们还是来看一道题目。这是《故宫博物院》中的一道"阅读片段，完成练习"的题目：

紫禁城城墙十米多高，有四座城门：南边午门，北边神武门，东西两边分别是东华门、西华门。宫城呈长方形，占地七十二万平方米，有大小宫殿七十多座、房屋九千多间。城墙外是五十多米宽的护城河。城墙的四角，各有一座玲珑奇巧的角楼。故宫建筑群规模宏大，建筑精美，布局统一，集中体现了我国古代建筑艺术的独特风格。

这一段主要介绍了故宫的_____。

学生的回答大多是"独特风格"。

很显然，学生还没有真正读透这段话。

接下来，我让学生进行了三个层次的读：一边读一边看这段话一共几句，用斜线标记出来。再自由读这段话，把每句话中的关键词圈画出来；把圈画正确的同学的任务单投影出来（城墙、城门、宫城、护城河、角楼、规模、布局、风格），学生来读这些词语，思考如果用两个词来概括这些词语，你会用哪两个？这样就有很多同学想到了布局和风格，正确答案也就找到了。

这个过程中，所有的同学都参与进来，都在读中寻找答案。

通过这样分层次地读，老师稍加点拨，让学生明白总结概括一段话的主要内容要经历"整体感知—关键词句提炼—归纳总结"这样一个思考过程。

任务单讲评，老师不讲学生读，老师要想的是由这个题目出发，让学生读什么，能读出答案；任务单讲评，老师不讲答案讲思考路径，引导学生走正确的解题思路——做题找方法，答题找原材料，想要答对，要读得细致，读得明白。老老实实落实管老师说的："阅读理解重点要放在'阅读'上，'理解'是附带产品。"

三是集中改错还要纠正错误的读书习惯。《七律·长征》补充思维导图部分，让学生联系律诗内容，具体填出万水指什么，千山指什么。结果有一半的学生出现错误，有的把乌蒙当成"水"，有的把大渡桥当成"山"，也有的学生填写不准确，比如"万水"下写"金沙河""大渡桥"。看到这些错题的时候，真气得肝儿疼，都是基础题，却错得这么离谱。

但转念一想，这些错误都是我的错误，肯定是任务一的读完成得不充分，学生也没有边读边记。于是，把诗歌、注释再投影，告诉他们要读准每个字，边读边记，只给2分钟时间，完了，就合上书改错。

改错完成后，让他们反思，为什么这么基础的问题出错率这么高，下次要怎么避免？一定要养成边读边记的习惯啊。

总之，任务单讲评，不是讲是读，目标也不是指向把这道题目改对，而是指向这道题目背后所投射出来的读书方法和读书问题，还是那句话，通过任务单讲评倒逼学生把书读好。这个过程很煎熬，有的时候，有特别强烈的讲的欲望。

管建刚： 其实讲是最简单最偷懒的教。梁老师您讲评的不是学生的错，而是将错误背后的东西揪出来，您治的不是表，而是本、而是根。我尤其感动的是，梁老师您说的"但转念一想，这些错误都是我的错误"，这就是内归因。只要我们把原因归结到自己身上，教学质量的提高指日可待。最怕的是外归因，都归结到学生的错、家长的错，那就完蛋了。

五、任务单讲评：个体改错

梁迎春：

在情况分析、经验分享、集中改错之后，任务单讲评要进行的是个体改错。

这时候每个人的错误不同，为保证学习效率，需要强调时间和追踪管理。

任务单讲评的时间管理可以分成两部分，第一部分是共性问题的改正，要求所有同学在老师指导后自主订正，这里我通常给出一个具体的时间，根据题目难易度、繁简度而定。第二部分是学生对其他题目的个体修改，这里我通常根据学生错题情况，给出一个相对宽裕的弹性时间，比如3—10分钟，设定两次计时进行提示。通常，我都会要求当堂全部订正完成，尽量不拖到课下订正。

管建刚： 订正作业也要有时间管理。完成得快的学生，因为时间管理而自信；完成得慢的学生，因为时间管理而自省。时间管理是习课堂改革的标配之一。效率是跟时间紧密联系在一起的。人的成长有两个非常重要的因素，一是专注力，二是时间管理能力。

梁迎春：

个体订正就出现了学生学习活动的分层，有的同学订正得快，有的同学订正得慢。于是，经常会出现快的同学既订正完，又读完自己的订正答案，把奖励题也背过了，慢的同学还订正不完。这时候，我会让订正得又快又好的同学当"检查官"，分给3—5个人的检查区域，同时给予Q币奖励，让他们负责检查和指导该区域的任务单订正情况。

个体订正，规定时间内也会有几个完成不彻底，不能全部改对的。我会让任务单登记员（学期初任命的）记录名单，并注上任务单订正最终完成的时间，完成后自动拿任务单让登记员检查，全对就可以消除记录，规定时间完不成的，我会约谈。

对于经常订正得慢的同学，组建"一对一"互助组，指定学有余力的同学对这些同学进行课下追踪，指导订正，确保全部订正正确，并到记录员处消除记录。全部订正对后，给追踪管理员加盖印章。一对一小组里的同学改完后，我仍然会再看一看。

对于订正总是最慢的这些同学，作业我单独给他们布置，周末只让他们整理本周任务单上的错题，其他作业减量或者直接不做了。

管建刚： 多么到位的作业管理。凡是教学质量好的老师，不一定是作业布置很多的老师，但一定是作业管理很到位的老师。

六、任务单讲评：重审题能力

管建刚： 面对任务单上的错题，老师往往想到的是学生知识点没有掌握，理解不到位，老师常常纠结在学生的答案中。而您对此有不同看法——

梁迎春：

是的。我们忽略了学生做题的过程，甚至，错误是从学生一开始接触这道题就注定了——学生根本就没有读懂题目要求，直接跑偏了。

纵览学生任务单完成情况，我发现他们在审题方面存在以下问题。

一是审题没有整体性思考。来看下面的例子：

《浪淘沙（其一）》的后两句借牛郎织女的故事，驰骋想象，"<u>直冲云霄</u>"四字显现了诗人逆流而上、积极进取的精神风貌，"<u>同到牵牛织女家</u>"一句化实境为仙境，将读者带到了奇异的神话世界。

这里的第二问，有好多同学都填了"直冲云霄"，因为我在讲课的时候提到过，这首诗的后两句写作者的联想，表现了作者逆流而上、直冲云霄的豪迈气概。于是，看到这个题目，看到后面的逆流而上，学生就不假思索地填上了相关词语"直冲云霄"。如果细心审读一下题意，不难看出，这里的答题范围是这首诗的后两句，同时这个空上还加了引号，所填内容必须从诗句中提取，应该是"直上银河"，这就是审读题目缺少整体性思考的结果。

二是审题不细致，不能抓住关键词语进行思考。还是来看两个例子。

解释古诗中字词的意思，如"莺啼"，有的同学直接上来写"叫"，还有的同学解释为"莺歌燕舞"，"莺"何在？"燕"何来？只从字面理解也应该正确解释为"黄莺啼叫"。可见读题时不能抓住关键词语展开理解。

"《江南春》的前两句抓住了____、____、____、____、____、____等景物写出了江南春天的特点。"于是，大多数同学直接就从诗中截取了莺啼、绿映红、水村、山郭、酒旗风，他没有注意到要填的是"景物"，不是某一物的状态，而是具体的事物——黄莺、绿树、红花、水村、山郭、酒旗。

阅读题干不能抓住关键词语，阅读课文、选文同样也不能抓住关键词语，不去想自己究竟读的文字是什么意思，所有的文字都读过去了，大脑却还是一片空白。这是相当一部分同学的阅读和审题状态。

三是阅读题干不思考问题和文章的对应性。六上《古诗三首》课外阅读中有这样一道题目：

浪淘沙（其八）

莫道谗言如浪深，莫言迁客似沙沉。

千淘万漉虽辛苦，吹尽狂沙始到金。

译文：不要说流言蜚语如同凶恶的浪涛一样令人恐惧，也不要说被贬谪的人好像泥沙一样永远颓废沉迷。淘金要经过千遍万遍的过滤，要历尽千辛万苦，最终才能淘尽泥沙，得到闪闪发光的黄金。

反复诵读《浪淘沙（其八）》，思考这首诗对应的主题是（　　）。

  A. 演绎神话传说　　B. 世事变化无常

  C. 游子情怀　　　　D. 迁客情怀

很多学生选B或C，就是没人选D。而"迁客"恰恰是诗中提到，又在译文中做了解释的。这首诗就是表达了诗人不甘落寞，积极进取的迁客情怀。学生阅读没有细致思考选项内容和选文内容之间的对应与联系，脱离文本思考问题，怎能找到正确答案？

从学生的这些表现来看，审题就直接出现了问题，题干是问题也是答题方向，只有把题干审读清楚了，才可能有正确理解。审题能力的培养也是理解能力培养的一种方式。

管建刚： 那么，从哪些方面去培养学生的审题能力？

梁迎春：

第一要做专项训练，帮学生捅破审题的窗户纸。

发现审题问题后，做任务单时，我做过三次专项训练，就带着学生分析题目要求，引导学生关注要求的关键字词，思考关键字词的意义。大家可以留心一下，任务单里一些选择题，对于一些特殊选项的要求，都在关键词下面加了着重号，这其实就是抓住关键词审读题干能力培养的渗透。

我们来看一下类似的训练：

《书湖阴先生壁》(茅檐长扫净无苔,花木成畦手自栽。一水护田将绿绕,两山排闼送青来。)中,全诗表达了诗人对自然风光的(　　)之情以及与湖阴先生的(　　)。

很多学生在这两个括号内分别填入了喜爱与赞美。第一个空填喜爱没有错,而第二个空填赞美显然不对。学生之所以这样填,是因为受前面读过的讲义影响,有思维定势,一看有湖阴先生就直接填上了赞美。如果认真读题,关注到"与"这个字,就可以把"赞美"排除,因为这样填本身就是病句。其次"与"这个字表示作者和湖阴先生两人之间的关系,而不是作者对湖阴先生怎样。抓住"与"这一个字就可以明了答案。类似题目还有:

《书湖阴先生壁》后两句化静为动,生动形象地描写了江南美丽的田园景色,暗示(　　)。

　　A. 友人品行的高洁　　B. 友人居住环境的优雅

大家一看就知道,这里应该选什么。但是,这里还有同学选 B,其实审题的时候关注到"暗示"这个词就可以知道,既然是"暗示",就不是表面描写的内容,是在直接描写的内容背后隐含的意思。

把这类题目筛选、集中讲解,多举例,做一下圈画题干关键词语的专项练习,然后日常练习不断渗透,学生逐渐就会有捕捉关键词的行为自觉。

第二读懂题干要落实到纸上,要可视化。

在训练之初,我让学生对题干进行停顿划分以及关键词句的标记。平时完成练习题的时候,这个要求也作为一项作业布置下去,检查学生作业完成情况,不仅仅检查题目完成的正确率,还关注题干审读的标记是否做到位了。停顿处用斜线,关键词下面加着重号。

我还要求学生审读题干的时候不要直奔问号而去,一定要把题干的每个字都读到,弄清楚题干到底有几问,对于有多问的问题,先在题干上加上序号,然后对应着问题带序号回答。比如:"请分享伯牙谱写出《高山流水》这首名曲的原因并写一写你从中明白了什么。"这个问题虽然没有一个问号,但是却有两问,学生带序号回答就应该是:一、伯牙谱写出《高山流水》的原因是……二、我从中明白了……

说到底，审读题干能力的培养还是在培养阅读力，读不明白要求，做不对题，所以，我感觉还是很有必要做一个这样的专项练习和标记要求的。

管建刚： 审题能力啊，在学生出错了以后，再去讲、再去教是最有效的。出错之后老师们往往很郁闷，其实，错题是学生最好进步的地方，出错是老师最好的教学资源。这一点梁老师您做得真好。此外，读懂题干非常有价值。有很多题干的语气语调和表述都是很成人化的，不少学生的作业正确率不高，老师们都认为是没有讲的原因，梁老师告诉我们并非如此。从审题能力到审题习惯，梁老师，您不经意走出的一小步，却是有效作业的一大步！

七、任务单讲评：练改错思维

梁迎春：

现在的任务单讲评以学生自主改错为主。但在学生自主改错之前，我们先要给学生讲改错的方法，我们不能想当然地认为学生会改错，很多时候，改对了不一定就是会改错了。

真正的改错，至少要想清楚四个问题：正确的答案是什么，我错在了哪里，我为什么错了，我该怎么办。以此来对照错题，想清楚，想明白了，才算真正会改错了。

比如阅读题：读"昨天是苞蕾，今天是鲜花，明天就变成了小果实"这句话，结合关键词语说说对这句话的理解。很多同学直接就写答案：这句话体现了夏天生物生长得十分快速。这个答案是错的，但是如果我们告诉他正确答案是"这句话中连用三个表示时间的词语昨天、今天、明天，用夸张的修辞手法写出了夏天里植物生长迅速的特点"，他抄下来，甚至背下来，仍然不会改错，遇到类似问题还会出错。

套用上面的四个问题，这道题目的改错思维应该是：正确答案是什么？（通过读句子、读题干要求寻找与原来答案不同的答案。）错在哪儿？（错在没有结合关键词语，对这句话的内容和表达方法理解也不准确。）为什么出错？（之所以出现这样的错误，首先因为答题没扣要求，要求中明明写着结合关键词语，回答中无涉及；同时对句子的理解不准确，不知道从哪几个方面去理解。）怎么改？（首先要改变审题习惯，审读题目要抓住题目中的关键词语，看清楚想明白要求；其次对句子的理解要分两个方面谈，一个方面是句子的表达方式，比如用了什么修辞手法、描写手法或者是有鲜明的表达特点，另一个方面是从内容上来谈，比如突出表现事物的什么特点，或者表达人物的什么感情，或者要讲明白什么道理。）这些要紧密结合文字表述来谈。有了这样的思考路径，改错才算最终完成，我们的任务单讲评才算做到了方法先行。

管建刚：太有意思了。很多老师都会想当然地认为改错谁不会啊。却不知道很多同学的改错是无效的，而且无效了一年又一年。无效改错的背后就是无效作业。只要学生的作业都是有效的，那么作业真的没有必要那么多；只要"有效作业"这四个字抓住了、抓实了，"减负不减质"一定可以实现。

八、任务单讲评：分层跟踪

梁迎春：

任务单讲评完成后，学生的练习并没有结束。因为学生完成的情况不同，针对不同的情况如何去处理和巩固反馈？实践告诉我，这个环节如果做不扎实，任务单的讲评很可能会功亏一篑。

首先要做好任务单完成后的复习和复查工作。

我曾经认为讲过了，学生改正了，也就会了。其实不然，有的学生仍然会一错再错、反复错。所以，课堂任务单讲评过后，对上面的一些错题我会让学生利用早读的时间去读一读，再想一想、记一记。

对于一些比较重要的题目，我还会让出错学生在专门的改错本上进行错误订正，并写一写出错的原因是什么。做完这些，我会把改错练习收上来，再看一遍，再有问题，再订正。同时，对于一些频频出错的同学当面谈一谈，了解出错的原因究竟是什么，是读不懂，读了记不住，还是做题不认真，帮助他找出原因，从根本上改正。

管建刚：这样的复评、改错、面谈，并不完全是强调知识的掌握要多牢固，而是在老师的严谨态度下，逐渐培养起学生认真学习的态度。学生认真学习的态度是由老师认真教学、认真批改的态度传递过去的。

梁迎春：

是的，身教胜于言传。

课堂任务单讲评、订正后，还会继续加强学生的分层练习。

这里的分层是两方面的分层，一方面是内容的分层，也就是哪几个知识点是大家需要集体补弱的地方，那就再加强一下这方面的练习。比如，学完第四单元，什么是环境描写，环境描写的作用是什么，还有一部分学生不能准确认知和解答，我就对这部分内容进行了集中补弱。

另一方面的分层，就是对学生的分层，有的同学学有余力，就可以自由阅读其他文章，不需要再练习了。但是有的同学最基础的读音、字词书写仍在出现问题，我上学期就在微信上建5个人的"梁老师的小分队"群，这学期建了3个人的"生长小组"群（有两个同学可以独立了），每天单独对这几位同学布置量少而最基础的作业，（注意是每天）但要保证绝对完成和掌握。根据他的提升及时给予表扬和鼓励。

所以，任务单讲评完成后，复习和复查必不可少，分层跟踪还是要做到位，才可能有巩固和提升。还是回到最初，任务单是反馈单。

九、任务单讲评的几个关键词

梁迎春：

管老师，在任务单讲评中，还有几个高频词，我也想借这个机会跟大家交流。这几个高频词也许我们觉得很简单，一听就懂，但学生接受到的可能只是字符。

第一个高频词：认真。

"写字要认真""读书要认真""做题要认真"……唠叨得学生耳朵都起茧子了，该不认真的还是不认真，原因何在？因为，老师只说"认真"，并没有具体的行为指导，我们首先要解析学生"不认真"的行为有哪些。

比如，抄写的时候写错字，不是多写一笔就是少写一画；比如，做题的时候让选择错误的说法，他就是把正确的说法选上了；比如，题目要求里有三问，他就只答两问就算了……

不认真的行为还有很多，如果统统用"认真"来要求，学生还是不知道该如何"认真"。

所以，首先要求要具体。这就像管老师经常要求的表扬要具体是一样的。

针对第一种不认真的行为，我们可以这样说：抄写前一定先仔细观察这个字，尤其要注意这个地方，这里容易写多一笔。

针对第二种不认真的行为，我们可以这样说：请你把这个要求停顿开来读，并在关键词下面加一下着重号，然后再做选择。

针对第三种不认真的行为，我们可以这样说：请把这个题干再读一遍，从头到尾把每一个问题标上序号，看一共有几问。不要只看最后的问号。

所以，想要学生"认真"起来，一定要对症下药，先要知道不认真的根源在哪里，再提认真的要求，这样学生的学习行为才能有所改变。

管建刚： 梁老师你刚才说的"对症下药"，让我想到了我们经常遇到的感冒问题。中医说感冒有三大类，风寒型、风热型和暑热型。每一大类又可以分很多小类。西医说感冒有两大类，病毒性感冒和细菌性感冒，病毒有很多种，细菌也有很多种。同样一个感冒，在专业的医生眼里，有很多种不一样的感冒；同样一个"不认真"，在专业的老师眼里，有很多种不一样的"不认真"。看起来差不多的"不认真"的背后，那才是教师的专业本领所在。

梁迎春：

第二个高频词：关键词句。

"关键词句"是语文教学绕不开的点。语文课标第二学段的阅读教学目标中有一条：能联系上下文，理解词句的意思，体会课文中关键词句表达情意的作用。无论是公开课还是家常课，我们经常会听到老师说：请同学们标画出这段话中的关键词句，并在旁边做好批注，写出由这些关键词句你体会到什么。但是，什么是关键词句？我们的学生是否清楚？

管建刚： 我的基本判断，大多中后等学生是不清楚的。

梁迎春：

是的。我觉得很有必要给学生专门解释。

首先关键词和文章主题、内容高度相关，找到它要能了解文章的主要内容。基于此，我们可以说课文中的关键词句是可以揭示文章主要内容的词句，比如一篇文章中的总起句、总结句、过渡句，或者是一段话中对整段话的内容有提示的词句。比如《我的战友邱少云》中"我们的炮兵不断地向敌人阵地上轰击，山顶上不时地腾起一团一团的青烟，敌人阵地前沿的地堡一个接一个地被掀翻了。炮兵的轰击不但摧毁了敌人的一部分工事，便于我们晚上突击，而且把敌人打得躲进隐蔽洞里，又保证了我们潜伏部队的安全"，这段话中的第一句话虽然不是总起句，但是它和这段话的内容高度相关，因为这段话就是讲"我们的炮兵不断轰击敌人阵地及这样做的目的"的。那么这段话中的第一句话就是一个关键句，由它我们可以了解文章内容。

其次，关键词句还可以是文章展开叙述的线索。比如《灯光》这篇课文中，"灯光"就是关键词，它提示了我们文章叙述的线索，从天安门广场的灯光到回忆起郝副营长看插图中的灯光，到最后又回到天安门广场的灯光，灯光的变化，是叙述内容的变化。

还有跟表达主题相关的、代表作者意见的关键词句。这一类词句都带着作者的感情色彩，带着作者的价值批判，有些词句还有深层的含义。像《开国大典》中"晚上九点半，游行队伍才完全走出会场。两股'红流'分头向东城、西城的街道流去，光明充满了整个北京城"，这里的"光明"也是关键词，这里不单单指灯笼火把的明亮，更有新中国建立，祖国前途一片光明，人民生活一片光明，原来黑暗的日子彻底结束了的象征。

一段话中，那些凸显了人物精神品质，表达了作者情感、情绪，传递了作者观点的词句就是关键词句。

……

总之，关键词句与内容和中心高度相关，阅读一篇文章先了解文章主要内容，再体会作者意见，然后阅读标画关键词句，学生才能有所感受。让学生标画关键词句之前，教师的工作要做到位，要铺垫好，在讲解明白、不断示范和反复练习之后，学生才能形成自能捕捉关键词句的本领，否则，标画关键词句只能是一句空话。

管建刚： 除了专门解释，还要经常性地结合日常练习来解释。学以致用的时候的解释，会更有效。

梁迎春：

嗯，管老师的话总是四两拨千斤，是的，清楚概念之后的学以致用才能真正形成能力。

第三个高频词：读书。

习课堂把70%的时间还给学生读、写、背。老师干什么？走下去倾听和管理。我发现很多同学根本就不会读书。班里有一半同学的读书是流水式念字符，把所有的文字都在嘴里走一遍，也在拿着书，也在一个字一个字地读，最后却不知道自己读的是什么。

就像今天的早读，小王同学很大声地在读，拖腔的那种。然后，在规定的时间里早早站起来说老师我读完了。"你读完了，你能告诉我你知道了什么吗？""就是讲了一个人要跟另一个人结婚，一个门着火了，是两个值班人睡着了引起的。后来找了一帮人又用纸糊了一个门。"我哭笑不得。要结婚的人是光绪皇帝，着火的门是太和门，值班的两个人是护军富山、双奎，一帮人是扎彩棚的能工巧匠。小王只知道了大概，关键信息他一点儿也不去捕捉。

我又问一个读完的同学，我说去故宫游览，出来的时候有几个出口，他开始一脸茫然，后来迟疑地说"应该就一个"。其实，出口有两个：神武门和东华门。

我找了三个同学到台前进行课文知识的抢答，如我所料，有两个同学，六个问题只能回答一二，其中一个同学还是去年因伤休学今年复读的，这篇课文去年他学过一遍。而我所问的问题，都是较为明显的关键知识点，可想而知，那些隐藏的或者稍微要动脑筋的，肯定更不知道了。

管老师，我讲这样的现象，是想引发我们一线老师的思考，因为很多时候，我们身处其中，对一些匪夷所思的问题都视而不见或见怪不怪了。

所以，我觉得老师还是要对学生讲一下真正进入读书是一种什么状态，那就是当你眼睛看到文字或者嘴里发出读音，你能根据这些文字想象画面，展开联想，有情绪和情感的波动；同时，读完一篇文章，能把它浓缩成一段话、一句话、一个词，筛选、过滤，有新知的获得。让学生可以对照进行自我读书状态的监督。

习课堂是通过有目的的阅读逐渐训练学生的阅读能力的，老师们也只有明白了这一点之后，才可能高效地落实习课堂任务一、任务三的读书任务。

习课堂的读不是机械地读，是有两个层次要求的，它强调不断优化学生的阅读习惯。阅读习惯有两个，一个是一边读一边记的习惯，一个是一边读一边思考的习惯。

"一边读一边记的习惯"怎么训练？任务二、任务四"看书不作业，作业不看书"。很多学生一到做作业就翻语文书，说明他们读书是不记的，是小和尚念经——有口无心的。一边读一边记，就要强调学生在读书的时候根据文字想象出画面，让抽象的文字形象化，理解了，便于记；一边读一边记，就是要强调学生在读书的时候能够提取关键信息，把一篇文章浓缩成一段话，把一段话浓缩成一句话或一个词，筛选了，知道记什么。

"一边读一边思考的习惯"怎么训练？还是要用好任务二、任务四的，用习题来倒逼每一个学生思考。切碎了、讲了又讲的教学是不可能训练学生思考能力的。老师口头问一下，一个学生起来口头回答一下的教学，也很难大面积训练学生的思考能力。老师不去讲，要让学生对照问题，自己去读，自己去想，自己去找答案，也就是带着阅读目的去读书。任务二、任务四是学生思考的触发器，更是学生边读边思考的训练载体。想要培养学生边读边思考的习惯，在这里很难也很简单，那就是老师不要去讲答案，一定控制住自己"讲"的惯性，不要去讲答案，而是更多关注学生的读书过程，当好学生读书状态的反馈官，同时引导着学生通过读书去真正理解。

回到最初，任务单不是练习单，任务单里有习惯的培养，有方法的渗透与习得，正像我们要求学生会读书一样，老师也要会正确解锁任务单，用好任务二、任务四，最终培养学生良好的读书习惯，提高学生的读书与理解能力。

管建刚： 这三个高频词，我想我至少跟学生讲过几千遍了，经梁老师这么一分析，我才知道原来都是口头禅式的讲，没有用处的讲，浪费时间的讲。家常课回到家常，家常课就是研究这些家常的问题。把家常的小问题一个个踏踏实实地解决了，这不是小事，而是大事。感谢梁老师！

第七章

对谈习课堂节奏

管建刚："课上紧张，课后轻松"是习课堂的追求之一。不少老师认为，既然习课堂追求课堂效率，既然要"课上紧张"，那就要加快教学节奏。对此，张老师您有不同的看法，对吗？

张登慧：

践行习课堂两年来，我的教学也一直处于快节奏的状态。习课堂的任务驱动加时间管理，让学生一直处于争分夺秒的状态。学习节奏不知不觉快了很多，学生作业速度快了、朗读速度快了，连我穿梭在教室的脚步都变得快了。我也一度为自己的快节奏和高效率欣喜不已。渐渐的，我意识到习课堂也要有"慢下来"的意识，就像唱歌和跳舞，有快有慢，才有节奏，才有美。而这个时候的"慢"所产生的课堂效益，恰恰是胜过一味的"快"的。

管建刚：这个观点非常有意思。什么样的"慢"胜于"快"？习课堂要有哪些"慢"，从而实现"张弛有度"呢？

一、"慢"朗读

张登慧：

一线课堂，学生朗读拖调现象比较严重。因此，习课堂强调正确、流畅。

正确就是字音准确、不添字不漏字不错字不回读。流畅就体现在读得比较快。几乎每一节习课堂示范课，都有老师对拖调的纠正。课上我"有拖必纠""有拖必改"。两年下来，我班学生彻底告别了拖调。二年级的学生，个别朗读也能够像流水一般哗啦哗啦。全班的朗读速度比平行班级快了很多。我也为孩子们表现出来的朗读能力沾沾自喜。

一次，我执教了校级习课堂研讨课《秋天的雨》。课后，校长温柔地说了一句："这是一篇很美的散文，学生没有读出美感，快了，美感就体现不出来了。"校长的话很轻，却重重地落到了我的心里——习课堂不是一味求快的课堂，它有时也需要"慢下来"。

以往的课堂，我追求朗读的速度，误以为读得快就是效率高。每次齐读，听着快节奏的朗读，就自以为孩子们已经读流利了。殊不知，朗读过快，学困生跟不上节奏，只能滥竽充数。课后检查，学困生还是读错字、读漏字，甚至胡乱猜读。一味求快，导致朗读出现"虚假繁荣"。于是，我改变了朗读要求，自读时不仅仅追求遍数的多少，更追求朗读的质量。比如第一课时中的"注意字词反复读"，是不是反复读了；"不会读的问老师"，是不是问了；特别是班级里的后进生，如果字音不会，我对他们有问必答，有问必奖。这样，后进生胡乱猜字，囫囵跳过字的现象逐渐消失了，朗读的正确率就高了。

有了朗读的"慢"意识后，我开始关注长句子的停顿。其实，习课堂PPT已经给这些句子画出了停顿。以往求快，忽视了句子停顿的处理。长句子读了，对句子的理解却不到位、不充分。习课堂对段落之间的停顿也有要求，之前从未关注过段落之间的停顿。慢下来之后，你会发现，在文章结构的关键处，比如《富饶的西沙群岛》一课，习课堂PPT标明了停顿，要求"第一自然段停顿稍长"，而《海滨小城》《大自然的声音》等课文的PPT，也有段落之间停顿稍长的要求。仔细对照就会发现，总分结构的段落，在总起句的后面，或者总结句的前面，都有设计段落的停顿，明显是提醒学生留意总分结构的段落。让学生在这些地方停顿长一点，朗读的节奏变好了，对文章结构的把握也清晰了。回顾之前，一味地"快快快"，意思没弄明白，停顿没读出来，对文章的结构也没有感知和把握，读得多，却读得糊涂。

只求快，学生很难读出变化。《大自然的声音》的第二自然段，作者通过微风和狂风来写风声，两种声音形成鲜明的对比：像呢喃细语一般的微风是轻轻柔柔的，要读得轻而慢；狂风的部分要逐渐加快，力量感也是逐渐加强的。朗读时，我提醒孩子们，只有放慢节奏，调小音量，才会看到轻轻柔柔的微风，他们马上改变了朗读风格。第三自然段中，小溪、河流、海洋的声音也是由慢到快的，我用手势引导他们，读出小溪轻轻慢慢、河流速度稍快、大海奔流不息的感觉，并不断地表扬他们读出了变化，提醒孩子们："读的时候慢下来，想想怎么才能读出不同事物的不同特点。"读得慢一点，对怎么读有一点思考，就能读出变化，一读出变化，朗读就变得有灵气了。

管建刚： 在基层，朗读拖调现象依然很突出。习课堂强调正确、流利，那不是不要有感情朗读，而是要解决当务之急的"拖调"。张老师您用两年时间彻底解决了拖调，训练孩子"快"起来，是时候停下脚步"慢"下来了。拖调是"慢"，于是要"快"，这是一大步；"快"了以后，再"慢"下来，又是一大步！

二、"慢"切换

管建刚： 张老师，习课堂强调课堂管理，提供了课堂管理的抓手：课堂管理口令、课堂管理手势、课堂管理印章和Q币。在课堂管理上，如何"慢"下来？

张登慧：

习课堂的"读＋写"模式十分简洁。我认为"读""写"之间、"写""读"之间的任务切换，也要"慢"下来。

第一，任务切换，课堂口令要有快有慢。

课堂管理口令是习课堂管理的有效抓手。习课堂的四个任务切换，都要用到口令。比如任务一的读和任务二的习之间，会有诸如"语文书，左上角；任务单，放中间"这样的切换口令。一开始，我追求语速快、声音大，期待用振奋人心的口令提振士气。一节一节下来，我发现这样用口令，任务切换显得呆板、机械，过了兴奋劲后，学生对这样的口令不太买账了。我尝试着变化了节奏，采用了"语——文——书，左上角；任——务——单，放中间"，这样先快后慢或者先慢后快的节奏，采用虚声加实声等不同方式的组合，再配上拿书、放书的动作，尽量让口令的节奏、形式变化起来。一有变化，新鲜感来了，习课堂也灵动起来了。

第二，任务切换，课堂组织要慢慢检查。

习课堂的任务切换，要求令到行到。老师喊了口令，不能马上进入下一个环节，而是要扫视全班，只要有一个没有到位的，老师就不能进入下一个任务，而是要再喊一遍口令，或者一边走到那个学生身边一边喊要执行的课堂口令，绝对"快"不得。因为课堂是一个集体，只要有一两个不跟上集体的步伐，一两个掉队，班级的学习士气就会松懈，就会有更多的人掉队。任务切换的口令一喊出，我都是表扬行动迅速的孩子："你看，×××第一个捧好书""你看×××第一个翻开任务单""表扬×××，第一个拿起笔来"。学生在我的表扬下也确实行动迅速起来，他们会在口令结束的第一时间，"捧好书本，摆好坐姿"等待老师发布"朗读口令"，或者翻开任务单，拿起笔来，准备"战斗"。管老师，有一次我听你上课，你的一句点评点醒了我："我看，有的人手里拿的不是钢笔，而是匕首。"我的天，对握笔的要求细致到如此地步。我的课堂上从来没有思考过应该怎样规范学生进入"战斗"状态时握笔的姿势。回到自己的课堂，我仔细地观察了孩子们准备书写时的状态。呵呵，还真有拿"匕首"的，有拿"指挥棒"的，我一一纠正，一一检查，才规范了书写作业之前的握笔状态。前不久看了顾孙煜老师的习课堂作文视频课，他们班口令执行力让我惊叹。每个孩子一边喊口令一边调整身姿、做手势，精神饱满，太飒了！咨询顾老师秘诀何在。他告诉我，没事的时候跟孩子多玩一玩口令游戏，慢慢就做到了。任务切换，要将口令和动作相结合，老师除了检查之外，还要让任务切换有设计感，有仪式感。这样行云流水的任务切换，也是一个慢慢训练和培养的过程。

第三，同一任务，每一环节的切换要慢下来。

意识到习课堂常规训练也要"慢"下来，我对照之前的切换，发现自己一味求快，忽视了很多细节：有些最先捧好书的人，其实根本没有翻到该读的那一页，一边滥竽充数一边翻书，甚至齐读的时候，你看着他的嘴巴在一张一合，走到他身边，发现书都没有翻到那一页，呵呵，读了个寂寞。于是，我规范了翻书的要求，规范了书签的放置，情况好转不少。几天后，这个情况又出现了。我才明白，要求不是讲一遍就能落实的，习惯的培养必须天天强调、节节检查、堂堂落实，每一节课都训练到位，学生才会逐渐养成习惯。到现在，任务切换时，我们班就没有孩子"一本正经地装模作样"了。由此我又想到了朗读的落实。特别是第二课时的朗读，有时候读全文，有时候读段落。自以为PPT上已经交代得非常清楚了，在读之前，又提示了读的范围，看起来能做到人人明白读哪里、读什么。其实不然。你叫学生读第2—6自然段，有些孩子读到第7自然段还浑然不觉。有时候提示读第3自然段，你凑到学生耳边听一听，说不定他读的是第2自然段。所以，每一次读的时候，我们老师的检查要"慢"下来，看看学生特别是低年级、特别是后进生、特别是低年级的后进生，一定要关注他们有没有"找对门"。比如，指一指课文所在的页码，标一标课文的自然段，指一指该读的段落、该完成的习题，让他们真切地明白自己接下来该做什么。

管建刚： 习课堂的"课堂管理口号"改称"课堂管理口令"，不是喊口号而是口令，令出如山。口令的执行要到位，先不要急着"快"，而要"慢"，先"慢"后"快"。任务切换"慢"下来了，目的是课堂"实"下来，常规"实"下来，习惯"实"下来。"慢"工出细活的"慢"，不是拖沓，而是精细！

三、"慢"表扬

张登慧：

上次听了您执教的《麻雀》一课，被您深厚的表扬功底折服，对照自己的表扬，我对课堂的表扬节奏，也有了更深刻的理解。那就是，习课堂的表扬也要"慢"下来。

据学术主持人技术统计，管老师您这节课落实到具体的人的具体行为的点评有37次，绝大多数都以表扬为主。一节课，可以让三十多个孩子尝到被表扬的快乐。坐在后排被表扬两次的读课文跟不上节奏的刘明一，在您的表扬下两眼放光，露出了特别感人的微笑。那是一个后进生被肯定之后，开出的心花。

您的表扬，句句诚恳、语速适中，仪式感十足，是"慢工出细活"式的表扬。

您的话语里绝对没有空洞的"你真棒"，也没有"刚才大家都读得很认真"这类笼统的表扬。课堂上随处可见"具体的人的具体行为"的表扬："表扬×××，他是第一个问管老师问题的人。""表扬×××，一说到抢读，他全身紧张，眼睛死死地盯着屏幕，这就是真正进入了抢读状态。""让我特别感动的是×××，因为我站在前面把屏幕挡住了，他用'仇恨'的眼神盯着我，然后不停地这样这样（一边说，一边模仿学生调整身姿看屏幕的样子）。""我特别欣赏×××的书写，他的书写让我觉得，即使他的作业错了一道题，老师也会很高兴。""更让我感动是×××旁边的同学，管老师在说他的同桌全对时，他头都不抬一下，这就是真正的'独立作业'。"这样表扬，落实到具体的人的具体的事情，让学生真切地感受到老师的真诚，同时给其他学生指明了努力的方向。在争分夺秒的习课堂上，您舍得在关键时刻停下来，放慢节奏，一个一个地表扬，指名道姓地表扬，以表扬的方式回顾总结学生的学习状态，习课堂的表扬，"慢"胜于"快"。

管老师，您的表扬舍得花时间，营造表扬的仪式感。您经常采用习课堂万能口号"说看×××，就看×××"，当所有人的目光聚焦到被表扬的学生身上时，您才开口表扬："×××是第一个向我提问的孩子""×××已经拥有了背奖励题的资格"。被表扬的孩子在大家的注视中接受老师的夸赞，那种荣誉感，瞬间点燃一个孩子的自信与热情。您表扬刘明一的两个细节，我印象特别深刻。

管建刚： 哪两个？

张登慧：

第一次，学生齐读课文，您一直半蹲在刘明一旁边，听他朗读，之后您又用了万能口号"说看刘明一，就看刘明一"。大家的目光聚焦到刘明一身上，您开始表扬："特别要表扬刘明一，我一直在他旁边听他的朗读，三个自然段，除了漏掉了一个字之外，其余的部分都读得很流畅。"这时候，现场的摄像机镜头对准了那个叫刘明一的小朋友，大屏幕上那双闪着光的眼睛让我看到了习课堂温情满满的风景。

第二次，学生练读了4、5、6自然段之后再次齐读，您再次走到刘明一的旁边，听他朗读课文。之后又再一次用万能口号，全班同学的目光再一次聚焦到刘明一身上，您再一次表扬："刘明一同学特别让我感动，尽管他的朗读跟不上大家的节奏，但是他依然很努力很专注地读着课文，并且努力跟上大家的节奏。我看到了他的学习态度。"

这样仪式感十足的表扬随处可见：表扬任务单书写认真的学生，就拿起她的任务单，分享给周围的同学看；舍得花时间对比学生的书写进步，让周围的学生都看看是不是真的有进步。每一次表扬，都是真诚的欣赏，都是入心的激励。

也就是那个时候，我忽然明白，在快节奏的习课堂上，表扬的节奏可以如此地"慢"。

回到学校，我也尝试着像您那样去表扬。"说看李彦驹，就看李彦驹！"当所有人的目光都聚集到李彦驹的身上时，我说："刚刚李彦驹的一个表现让我印象深刻，在自由读的这两分钟里面，他的眼睛从来没离开过书本，就连我走到他的身边他都没有察觉，这就叫'专注'，为李彦驹的'专注'鼓掌。"得到了这样一次隆重的表扬之后，每次一表扬，李彦驹的身板儿都挺得直直的。原来，"慢"下来的表扬才会入心入肺。以后的每一堂课，我都用心经营我的"慢表扬"，每一次表扬的节奏都"慢"下来，学生的学习专注度又提高了。

管老师，我回味着您课上一句又一句经典的表扬，一次一次思考着，您为什么会有如此独到的表扬功夫？我的答案是：表扬背后是您深厚的"看得见学生"的功夫。

  1. 看得见学生的困难点。眼中有孩子，不是停留在一句口号上，而是要体现在每一次的行动中。您真的把每一个学生的一举一动看在眼里。您眼中的学生，不是一个整体的、概念的、模糊的学生群体，而是对每一个学生的具体的、清晰的关注。想起了那次课后跟您的短暂交谈，我谈到了自己教学词语抄写的方式，写之前会指导两三个，学生抄写之后，发现的集中性错误在任务单讲评课上点评改正。您一语惊醒我："错误应该是在学生书写的过程中去发现的。""时间不够，来不及啊。"我很委屈。"自己班级的学生，哪些人书写时容易犯错，你应该心中有数，他们犯的一般都是集中性错误。"我恍然大悟，原来，我的眼睛并没有看到一个个真真切切的学生，看起来穿梭在学生之间忙忙碌碌的我，其实仅仅在"假忙"，我除了表扬学生的坐姿、书写外，并没有深入到具体的活生生的一个个学生的学习活动中，也没有发现他们学习中的困惑、错误和需要的帮助。这个外人看不见的指导过程，才是习课堂最见功夫的地方。只有熟知每一个学生的特点，才能把时间花在刀刃上，去发现、指导有困难的学生，帮助他们克服困难。老师看得见学生，要看得见学生的特点，看得见学生的学习困难点。

  2. 看得见学生的生长点。前面提到的那个叫刘明一的小孩，让我看到了您在课堂上对后进生的真切关注。对于一个完全陌生的班级，您能在短短一节课的时间之内发现后进生，并给予及时的、真诚的关注，发现他每一次学习取得的进步，给予真实的、客观的、激励性的表扬，让后进生在课堂上有能力和自信的双重进步。最初，刘明一小朋友的朗读是不流畅的，经过练习，他读得比较流畅了，在齐读的时候，尽管漏掉了一个字，但是整体朗读有明显的进步。您真诚的表扬，肯定了优点，以至于后面再次练习朗读的时候，刘明一小朋友读得特别卖力。齐读的时候，您再一次发现了他的进步，尽管跟其他人有差距，依然肯定了他的努力。对于后进生的细微进步，您都能精准地捕捉。我想，如果没有对学生的真切的"看见"，就不会有充满实效性的表扬。一个后进生，在全班同学面前一次又一次接受老师隆重的、仪式感满满的表扬，那是多么大的惊喜与激励啊。看得见后进生的生长点，才能让后进生自信地抬起头来。

管建刚： 谢谢张老师的表扬，我的心里暖暖的。粗糙的表扬的背后是没有真正看见一个个活生生的学生。"慢"下来的表扬是细腻的表扬，看见一个个具体的学生的具体行为的表扬。习课堂要求"快"翻书、"快"作业、"快"行动，习课堂又有"慢"表扬、"慢"组织、"慢"切换，"快慢"有度，那是课堂节奏。

四、"慢"批阅

管建刚： 习课堂跟传统课堂的差异比较大，不少老师受传统经验的影响，走了弯路。印象里，张老师好像没有走过什么弯路。

张登慧：

哈哈，管老师您也太看得起我了。我也遇到过不少的尴尬事件。

那是2021年春季，上学时间只有19周，我因外出学习耽误了三周。所以，我的教学进度拉得极快，基本上三天上完两篇课文。上午如果有两节课，一定用来上新课，下午挤出时间讲评任务单。这就要求我第一节上完课，第二节课马上批阅任务单，第三节课前要下发任务单备用，逼着我必须飞快地完成批阅。班级56份任务单，在短短的40分钟内完成批阅，时间很紧，除了不能跟办公室的老师闲聊，有时候连喝口水的时间都没有，这也练就了我"一目十行"的批阅功夫。

"心急吃不了热豆腐"。快速批阅的弊端显现出来，不时有学生来问我："张老师，他的答案和我的一样，为什么他的对了我的错了？""张老师，这道题我读音选择错了，你为什么给我判对？"我不相信，走近一看，真的是我批阅的时候没留意，把另一个同学的错误答案批成了"对"。"不好意思，是我批阅错了，看得太快了，没有留意。"一开始，学生还是比较接受的，次数多了，一个"直男癌患者"吐槽："张老师也太马虎了吧？"我很惭愧，一次一次的错误批阅，传递给学生的除了批阅错误，还有老师的马虎作风：老师如此马虎，孩子能够细致到哪里去呢？习课堂强调示范，老师的批改何尝不是一种示范，何尝不是一种教育呢？我终于明白，任务单的批阅也要"慢"下来。

首先，仔细看看，让批阅"慢"下来。

批阅任务单，考验老师的眼力，一目十行看个大概，很容易忽略一些细微的错误。看起来简单的抄写，有时候是很容易忽略的。比如，"翠鸟"的"翠"字，上面部分的"羽"字是没有钩的，最后一笔"丨"的起笔位置也是特别容易出错的，很多小孩一不留意就穿插到两个"人"字的中间去了；"垂"字的四个横画，第二横最长，第三横次之，第四横和第一横等长，且是四横中最短的，范写之后依然会有孩子抄写错误，不仔细看，是很容易忽略的。还有一些读音选择题，看似简单，还是有部分学生没有掌握，一目十行很可能出现前面提到的"尴尬事件"。低年级的任务单，字词是重点，一目十行地批阅，放过了这些细微错误，导致学生的书写正确率不高，基础掌握不扎实，得不偿失。仔细看看，让批阅慢下来，"慢"胜于"快"。

其次，批时记记，让批阅"慢"下来。

每次批阅，把自己的任务单放在旁边，一边批阅，一边在自己的任务单上记录学生的错误。书写错误、读音错误、课内阅读题错误、思维导图的错误等，都记录下来。有的写在醒目的地方，有的在对应的题目处做上记号，有的还要对相关的知识进行补充，如形近字、同音字等，为有效讲评准备好资料。要记录完成情况特别好的那些学生的名字，记录书写有进步、完成有进步的那些学生，特别是后进生，这些记录也是为任务单讲评的表扬做准备。多表扬，多激励，学生就不会讨厌至少不会敌对作业。做好每一次完成情况的记录，多次以后，看看学生的上榜次数，能客观了解学生一段时间的学习状态。

再次，批后想想，让批阅"慢"下来。

批阅完成后，要对本次任务单的完成情况做一个简单分析。看看第一课时的书写有没有集中性错误，听写最易错的字是哪些，哪些人前后鼻音分不清楚，既要在讲评时指出来，还要落实改正之后的强化，下一次新课，要想办法提醒学生留意自己容易出错的字。邹艾珊同学前后鼻音老出错，小小米对平翘舌音老是混淆，自由读的时候，我会走到他们身边，提醒他们多多留意，甚至会专门考一考他们的弱项。第二课时的正确率一般没有第一课时高，要对照起来，看看班级的集中性错误在哪，为什么会有这样的错误，是读得不够，还是没有读出层次，没有读明白，或是学生没有理解题目的意思，这些都要做恰当的分析。有时候还要找来几个不同层次的学生，问一问他们答题时的想法。弄清楚错误背后的原因，才会寻找到任务单讲评的有效方法。

最后，批后比比，让批阅"慢"下来。

如果同年级有小伙伴一起实践习课堂，同一课时的任务单完成后，可以互相交流交流，任务单的正确率各是多少，集中性错误是不是相同的地方，错误背后的原因是不是大致相同，教师的执教有没有共性的问题或疑惑，有没有解决的方法。对自己的班级也需要一个纵向比较，这一课和前一课、这一个单元和前一个单元、这一个月和前一个月，任务单的完成情况有什么细微差别。书写是工整了还是潦草了，正确率是降低了还是提高了。前后比较，也是对自己一段时间的教学效果的回看和反思，为后面的教学提供参考。

管建刚： 智慧的老师会把教学中的"事故"变成"故事"。张登慧的"慧"，就是智慧的"慧"。习课堂强调示范，老师的示范无处不在。任务单批阅"慢"下来，老师的作风"严"起来，这也是"示范"。

五、"慢"讲评

张登慧：

习课堂强调作业的"最后一公里"。任务单讲评和订正十分重要。讲评和订正一般15分钟，不少老师也很"赶"。我的感触是，任何高效率的背后，都需要"慢"下来的细活。

1. "慢"讲评要重"激励仪式"。

每一次任务单批阅完成之后，我根据完成情况，统计完成全对的、正确率高的、书写工整的、答题有进步的学生，一一记录名单，任务单讲评时，展示在大屏幕上，学生呼喊上榜同学的名字，老师表扬，发Q币，特别表扬进步大的学生。表扬落实到具体的人，做足表扬的仪式感，让孩子体会到认真作业带来的荣誉和自豪，他会更认真地对待下一次任务单。事实上，作业、任务单对孩子来讲就是大事，就应该有一定的仪式感。

2. "慢"讲评要重"基础知识"。

以前讲评任务单，抄写词语的内容基本上指出集中错误，改正过来就走马灯似的过了。后来想想，课堂上即学即练，属于短时记忆，遗忘性大，讲评时复习一下，有利于及时巩固。后来，后面的任务单讲评，我们就采用齐读、自由读等多种方式进行再次巩固。讲评课慢下来，把看似简单的字词读一读、记一记，及时复习，减少遗忘，慢胜于快。

3. "慢"讲评要重"答题习惯"。

任务单的讲评，要从关注学生的答题习惯开始。学生刚进入三年级，第二课时的任务单正确率急剧下降，看似很简单的题目，一些"学霸"都错得不可思议。后来我终于发现了其中的原因，不少学生不是不懂课文内容，而是不懂题目的意图，学生没有正确的读题习惯。像填空题，一定把题目读完。绝大多数学生读到填空的地方，就开始答题了。题目没读完，题意不明白，正确率自然偏低。老师自以为提醒了无数遍的"把题目读完"，已经深入孩子的内心，其实，孩子根本不知道怎样才叫做"读完"。在讲评课上，我会示范"读完整"的方法，教他们在空白部分用"什么""怎样"等词语代替。示范之后学生马上练习读题，一次次训练之后，学生才渐渐明白了填空题的读题技巧。像选择题，一定要提取关键信息。选择题有时候会有一些"坑"，有时候选择"正确答案"，有时候选择"不完全正确"的一项，有时候还补充说明提示多选。家常课任务单上已经将关键信息用着重符号标出，但是低年级孩子不一定会留意，讲评课上，我指导学生把关键信息圈一圈，并且屏幕展示表扬答题时圈出关键信息的学生，引导大家都像上榜的孩子一样圈一圈。每次讲评都这样去训练，虽说有点费时间，但是答题习惯真的在一点一点慢慢形成。像判断题，一定要留下思考痕迹。判断题的答案只有对错，不用讲评孩子都能改对正确答案，但不能保证知识的掌握。讲评时，指导学生找出错误，并改正，我们称之为"留下思考的痕迹"。讲评之后，对答题做统一要求：所有的判断题，都要留下思考的痕迹。这既可以让学生的思维可视化，同时也能客观反映学生答题习惯养成与否。

4. "慢"讲评要重"反刍消化"。

任务单讲评，不是老师讲了学生就会了，给孩子留足改错的时间。讲了、留了时间，学生不一定都改了，要检查落实任务单的改错情况。对任务单习题的消化要落到实处。每次讲评之后，留几分钟时间消化一下本节课的讲评内容，趁热打铁，改正错题之后要及时复习。

5. "慢"讲评要重"必要拓展"。

任务单的讲评，还可以结合单元语文要素和习作，进行拓展提高的训练。三年级上册第二单元《秋天的雨》和《铺满金色巴掌的水泥道》的任务单都有理解词语的题目，考查的知识点为本单元语文要素"多种方式理解词语"，讲评时可以前后勾连，梳理出不同的理解词语的方法，如"近义词""联系上下文""反义词加'不'"等方法。一些句子的仿写，可以在欣赏的基础上进一步进行写话训练，建立读写链接，实践读写结合、读写并重的教学方式。放慢讲评的节奏，把讲评做深做细，才能努力向高效讲评靠近。

管建刚： "减负"如何"不减质"？张老师给了我们有力的启示：把每一道题的营养和价值用到位。当下的"慢"都是为了今后的"快"，舍不得当下的"慢"，就没有今后一辈子的"快"。

六、"慢"生长

管建刚： 张老师，去年您所任教的二年级班级期末考试平均分99.5，大家直呼奇迹。您班上怎么各个孩子都那么优秀呢？

张登慧：

习课堂功不可没啊！

刚使用习课堂，后进生变化明显：他们在课堂上开小差的时间少了，当观众的时候少了，参与学习的时间多了，被老师关注的机会多了，表现出来的学习劲头足了，生字会读会写了，课文会读了，考试成绩也确实提高了。

但是，字词基础突破后，能力的发展和提升后进生一定会遭遇高原区。因为后进生有以下四个特点。

1. 专注力不够。

后进生都有专注力不足的毛病。习课堂的激励系统很大程度上提升了学生的参与度。习课堂面向全体，每个孩子，特别是后进生，得到的关注和激励多了，使他们在课堂上表现出特别积极的一面，短时间内能够做到认真、投入地学习，可是时间稍长，他们依然会一不小心就溜号。齐读课文时，你看他坐姿端正，书捧得好好的，一副一本正经的学习模样，走到他身边，蹲下身子细细听，好家伙，老师来了，他才开始搜寻大部队朗读的内容，尝试着跟上节奏。自由读的时候，后进生也没有优等生那样全情投入，他们的眼睛会不时"寻找"老师的身影。做题时，老师的一句评价都可能一不小心带走他的节奏。课后，后进生的任务单还没有完成，给留几分钟时间，他的眼睛不是被同学的说话声吸引，就是被班级流行的"魔方"玩具勾走。老师批阅同桌的任务单，后进生的眼光一下子离开了自己的书面。他们的专注力不足、抗干扰的能力也有待提高。

2. 行动力不够。

后进生的学习行动力不足。很多时候，计时器启动了，后进生拿着笔，慢吞吞瞟向书本，人家都做完一大题了，他才弄清楚题目的意思；人家已经在读奖励题了，他还剩下一大半习题没有做。老师走到他身边指导，让他读题目，才发现，后进生读个题目的难度不亚于读完一篇课文，添字、漏字，不认识的字囫囵跳过，文字叙述多一点的题目，他们根本无法独立理解。有些后进生统合功能失调，指读句子，他读和指的速度居然不吻合；有些孩子明明已经很努力地在书写了，可他就是无法把字写进格子里，捏他的手，发现他的手指软软的，像没有骨头一般无力。后进生在行动上表现出来的迟缓、呆板、不协调，让你既难受又着急，同时又理解了：原来，人与人之间的差异，真的客观存在。

3. 理解力不够。

同样一道题，优等生默读一遍便明白题目意思，后进生指读三遍也不能用自己的话说明白该干什么；同样的阅读题，优等生读两遍便心领神会，后进生读五遍依然磕磕巴巴不知其意；阅读题目是什么意思，他们基本连蒙带猜，碰对的叫运气，做错的那是实力。若不是习课堂让我真正地走近后进生，深入了解他们的答题现状，我都不知道那些看似清楚明白的题目，对于后进生来说，犹如外星文字。对文章内容不理解、对题目不理解，他们的练习效率不高，考试成绩自然不好。

4. 意志力不够。

后进生缺乏战胜困难的勇气，也很难打败"懒惰"这个敌人。遇到句式变换这样的题目，他们要么胡乱猜测，要么干脆空着不做。前面提到的课外阅读题，他们把"不读熟不答题"这样的顺口溜抛到九霄云外，负责一点的，根据习题在短文中去胡乱寻找；不负责的，就想当然地乱做一气。看到长篇的文字，就头皮发麻心里发怵，他们没有良好的面对难题的心态，想着逃避，恨铁不成钢的老师常常是气得火冒三丈。

管建刚： 对！"后进生"的"后进"，表面看是智力因素，实际上有的是非智力因素。

张登慧：

我们首先要心平气和地接受他们的"慢"生长。"慢"生长，不是不生长；"慢"生长，也不是不闻不问，等着他们自然生长。

第一，挑起竞争。多方考察后，我对后进生的座位编排都进行了诸多尝试。一开始，给两位后进生配置了最强"精英"，一来为了帮助他们，二来为了给后进生提供学习榜样。后来发现，学霸和学渣的差距太大，无法形成磁场，他们依然在课堂老调重弹，读着读着就发呆了，写着写着就走神了，学霸做完任务单，倒是给学渣提供了"便利"。我干脆采用同质分组的原则，把两个后进生变成同桌，课堂上，我通过激励、竞争等方式，不断激发着两个孩子的好胜心，今天 A 得到的表扬多一点，明天就多表扬 B。因为后进生的水平相当，他们你不让我我不让你，学习的投入度倒是提高了不少。

第二，手把手教。习课堂把 70% 的时间还给了学生，老师有了 70% 的时间去管理、去关注学生。后进生们做同桌，为我课上有针对性地辅导提供了便利。不会的题，我可以一对二帮扶。就是在这样的帮扶中，我发现了后进生在答题过程中的实际困难。遇到关于句式改变的题目，要指导他们把题目反反复复读两三遍，还要解释题目的意图。选择题除了指导他们读题目之外，还要手把手教他们读完所有选项，对比每个选项的不同，对于知识的盲区还要进行讲解。课外阅读题，要指导标出自然段、陪着他们读短文，不认识的字指导他们标上拼音，读完一遍还不行，要陪着他们多读几遍；读流畅之后，要借助文后的习题，提出问题，指导他们在文段中去勾画、寻找答案；最后陪着他们动笔答题，答题过程中，依然要陪着他们弄清题意。这样的答题指导，不是一次就行的，要一次一次又一次地训练，这个漫长的过程落实到位了，后进生才能突破稍难一点的理解性习题。对了，一定要引导后进生看课外读物，引导不行，那就硬性规定，督促他们看必要的课外书。

第三，经营"副阵地"。课堂这个主阵地重要，其他时间的副阵地对后进生也重要。课后，利用零碎时间，指导后进生用有效的方法完成课外阅读练习题，落实错题的订正，及时复习巩固字词基础，作文也要进行有针对性的训练，既要放慢脚步，又要"步步为营"。有些基础今天看起来掌握了，明天又忘了；有些答题技巧昨天看起来会了，今天又忘了……后进生的转化是一个反复抓、抓反复的长期的过程，用"经营主阵地"的态度抓好副阵地，后进生才能在日积月累的一点一滴中慢慢地成为中等生，甚至有一天成为优等生。

管建刚：习课堂不是学生去"习"了，老师闲了，空了。"挑起竞争"即习课堂的"课堂激励"，"手把手教"即习课堂的"课堂点拨"，"经营'副阵地'"即习课堂的"最后一公里"。张老师把习课堂理念用到了各个环节，这就是活学，这就是活用！

第八章

对谈习课堂时间管理

一、形成习惯性时间节奏

管建刚： 课堂效率＝课堂任务÷课堂时间。跟效率最密切的两个关键词，一个是"任务"，一个是"时间"。40分钟学生能不能完成四个"任务"？习课堂提出了"时间管理"。

范天蓉：

管老师，不瞒您说，我教书20多年，接触了习课堂，才真正开始思考"时间管理"的问题。

对于熟悉的事物，大脑的比对和决策速度要比陌生情况下快很多。教学中有固定的节奏，大家都熟悉了，也能节约时间。所以，我想到的第一个时间管理的窍门——形成习惯性的节奏。

1. 固定 Q 币发放时间、消费时间。

习课堂每天都在上，每天都有印章，如果印章换 Q 币没有一个固定的时间，就会每天都有学生陆陆续续来换，加大了时间成本。时间固定下来后，再也不会有学生来问"什么时候发 Q 币"。

我们班发 Q 币时间为每周一次，固定在周五。周五我的课特别多，原本中午安排习课堂作业讲评的时间改发 Q 币。习课堂作业讲评就安排在下午。

发放 Q 币的同时，Q 币消费也一起进行。比如，用 Q 币购买一些特权。有专门负责卖散步名额、牛奶名额、水果名额、面包名额的学生，卖掉名额，收取 Q 币。每个项目有 5 个名额，先到先得。抢名额肯定会乱，所以卖的时候，也要有序。比如卖散步名额，从第一组开始卖，卖了 2 个名额，还剩 3 个，问第二组有没有人买，又卖了 2 个，再问第三组，第三组没人买，问第四组……直到卖完。牛奶名额则从第二组开始卖，水果名额从第三组开始卖……每一组都有一个优先购买的机会。到了第二周，每组的优先购买权的内容会换一换。一般情况，一个学生只能买一个名额，卖不掉的情况下才能买第二个名额。每个名额固定卖 5Q 币。

在这里，我解释一下什么叫"散步名额"。午餐后，管理食堂纪律的桌长，就会将组里成员带回班级。买了"散步名额"的学生，可以在第二周，选择任何一个阳光明媚的日子，不跟桌长走，直接到操场散步 20 分钟，具体时间为 11:30—11:50。买了散步名额的 5 个学生，可以相约选在同一天散步，也可以各自安排。

学校一般不允许学生带牛奶、水果、面包等吃食。一方面是大家都带了吃食，垃圾桶根本装不下，教室里杂乱现象严重；另一方面如果允许带牛奶、水果、面包，别的零食也会混进来，管理成本很大；最重要的，学生带了吃食，往往不好好吃午饭，浪费现象严重。牛奶名额、水果名额、面包名额，买了什么名额就可以在第二周每天带这个食物到班级里享用。每种食物只有 5 个人，产生的垃圾不会多，即使出现乱扔现象，也马上就能找到是谁不文明。一旦确认，取消购买名额。买来的名额，学生会格外珍惜，卫生方面有了保障。

看似复杂的操作，因为固定了时间和操作步骤，实施起来时间管理成本并不高。

有人问，这样的操作就跟设定了闹钟一样，间隔时间比较长，会不会影响效果？不会。Q 币发放一周一次，习课堂激励印章天天在敲。这个跟集卡一样，集一周的印章，一次性兑换，反而在兑换时多了一份满足感。

2. 固定的位置摆放、订正时间、奖励题流程。

（1）固定任务单摆放。

任务单，一组一组批，不管对错，批完后还是一组一组放。这样，组长下发时可以节省时间。

任务单订正，学生的订正速度不一样，就不按组放了。如果按组放，需要不停地数本子，看看这组还缺几本，看看那组还缺几本，实在浪费时间。学生订正完任务单，自己放到小桌上，满 10 本，他们会换一个方向放，这样，我用眼睛扫一下，就知道还有几个学生没有订正好，非常方便。

管建刚： "数本子"看似浪费不了一两分钟，每天一两分钟，一个学期也能省下一两个小时！很多老师都说太忙了，但很少有像您那样在时间管理上下功夫。

范天蓉：

（2）固定订正时间。

我们学生中午都在学校用餐，所以，任务单的订正发放时间在午餐后。组长会在午餐结束后发任务单。12:15 分是午读课，如果这个课是我的，那么订正时间就从 12:15 分开始，如果午读课是其他老师的，订正时间从 11:45 分开始。我与数学、英语老师协商过，谁有午读课，午读课前的时间归另外两位老师。如果午读课是数学老师的，午读课前的时间归我和英语老师。英语老师一般只需要 5 分钟默写，她先默写，我再讲评任务单。如果午读课是英语老师的，午读课前的时间归我和数学老师。数学老师一般先要批改订正再讲评，所以，我先讲评任务单，等到我进入批改订正阶段，数学老师进教室。我从第一组开始批订正，数学老师从第四组开始批订正。我们三个老师配合得非常好。

管建刚： 您和您的搭班老师是黄金搭档。语数英老师协调配合，时间就多了。如果语数英老师相互埋怨、指责，结果本来不够用的时间更不够用了。

范天蓉：

（3）固定奖励题流程。

任务二、四在完成过程中，有学生先完成，那就背奖励题。第一个背好奖励题的学生，找老师背诵，通过后，我把习课堂大拇指章交给他，由他来管理其他学生的背诵。他站在讲台的一端，第二个想背诵的人找到他，通过背诵后能拿到另一个大拇指章，站在讲台的另一端。其他想要背诵的，在两边排队即可。

时间还剩 1 分钟，队伍只能留下一个背诵的学生，其他排队的学生自行离去。当时间还剩 30 秒，无论背诵结束与否，都要回各自座位。有学生走来走去的课堂，看似有点乱，其实都是有序进行的。

时间的固定，作业的固定，班长常常在英语老师没有出场的情况下，用计时器计时，带全班完成了英语默写。基于这样的"固定"，老师们去参加外出培训等活动，也不再心慌了，只要跟班长交代一下这段时间该完成的任务，就行了。

管建刚： 因为有了固定的形式、固定的时间，杂乱的背后有了一根"定海神针"。老师就是制造"定海神针"的人。

二、师生做事有条理

范天蓉：

管老师，您在《习课堂十讲》里讲到课前发放任务单等，给我很大启发，我知道了无论老师还是学生，做事有条理，才能用好习课堂时间。我在您指导的基础上，根据本班情况进行了改进。

1. 文具摆放规则。

课前，学生把铅笔盒、任务单、语文书摆放在指定位置，我们班的课桌前端有一个凹槽，所以课桌上连铅笔盒都省略了，凹槽里放 2 支水笔，1 把尺，1 个修正带。这样的好处是，省去了每次打开、关上铅笔盒的时间。任务单和语文书放在左上角，语文书放在上面，因为习课堂的任务一主要是"读"，先用到语文书。

这节课学哪一篇课文，Q 币就夹进语文书、任务单的哪一课。学生们非常聪明，没有 Q 币或忘记带 Q 币，他们就会把尺夹到语文书里，把水笔夹到任务单里。任务单里夹笔的做法是非常聪明的，任务单是写作业的，一般不会把书竖起来，笔也就可以安睡在里面，不用担心掉出来。过了段时间，我又惊喜地发现，有学生在书的角上做了两个小三角，把这节课不会翻到的页数都收进小三角里，这样就能一下子翻到这篇课文，而且这个小三角与Q币、尺比起来，不容易滑落。

2. 任务单订正规则。

任务单的订正，我们遵循哪里有错就订正在旁边。这样做的缺点是整洁度不够，好处是不会出现漏订正的现象。整洁度不够，我们用换色的方法解决，黑色水笔做题，蓝色水笔订正。学生看得清楚，老师批改也清楚。

"订正在旁边"的方法，用在任务单后面的默写就不行了。有些学生错误率高，东一个西一个，反而会漏，且杂乱无章。默写词语的订正改为：默写固定在横线左边，订正固定在横线右边。一般情况，一条横线默写4—5个词，即使全错，右边横线也够订正。这样一来，既清楚，又没有遗漏，每条线上错了几个词也一清二楚。

3. 课堂指令规则。

习课堂用久了，师生越来越默契，老师的口令也越来越简单。"读课题"变为"读"，"读红色的字"变为"红字"，"读带点的句子"变为"带点"等，学生完全明白。别小看了每次只节省几个字，一节课可以节省一两分钟，一学期下来可以省出五六个课时呢！渐渐地，语言口令也可以变成动作口令，我一指PPT，学生就知道这是要"齐读"。

课堂管理口令的改变，必须有序进行，将课堂口令有条理地梳理清楚，指令学生"读"的口令有哪些，指令学生"写"的口令有哪些，指令学生"背"的口令有哪些……想清楚从哪方面的口令开始改，怎么改既有趣又节省时间。比如"背"的口令，我把"闭眼背诵"的口令改成用一只手做闭眼的动作，这一改，只需1秒，还很有趣。学生看到这个动作，接收到的信息是"睫毛非常长非常长，长得像扇子一样，好重呀，小眼睛闭起来吧"，因为解释这个口令的时候，我就是这么说的，学生们听了还装出了睫毛太重的样子。"睁开眼睛"这一背诵结束口令，改成一个字——"叮"。为什么只有一个

"叮"呢？我对学生说："因为你们的小耳朵太灵敏了，闹铃才发出一个叮字，你们就醒来了。"每当我一说"叮"这个字，学生们就兴奋地睁开了眼睛。

管建刚： "做事有条理"是提高效率的有效法门。

三、教学时间的预测

管建刚： 有的老师认为任务单、PPT 都是现成的，课前就不需要做什么准备工作了。

范天蓉：

课前当然需要准备。任务一、任务三的读书时间是怎么设定出来的？是老师预先测试，规划出来的。

以《搭船的鸟》的任务三为例，安排用时 10 分钟，这个 10 分钟该怎么安排呢？先看看这个任务需要完成的环节，一是读课文，二是读段落。读一遍课文大约多少时间，读段落大约需要多少时间，都需要老师自己读一读，测试一下，估算一下。

1. 测"读段落"的时间。

还是以《搭船的鸟》任务三为例：

○齐读 1—2 自然段，需要 30 秒左右。

○读句子 1，需要 11 秒左右。

○板书书写加朗读，需要 37 秒左右。

○自由读第 3—4 自然段，大约 30 秒。

○读句子 2，大约 12 秒。

○齐读第 5 自然段，大约 20 秒。

把以上段落、句子的朗读都完成一次，需要 2 分 20 秒。

句子 1 安排读三次：齐读——师生配合读——注意红色字。

句子 2 安排读四次：齐读——注意红色字——注意翠鸟动作，边读边演——师说动作，学生做。

这样一来，又增加了近 1 分钟。所以，句子、段落的朗读需要大约 3 分

20 秒。

2. 测"读课文"的时间。

《搭船的鸟》任务三总共 10 分钟，去掉句子、段落安排的 3 分 20 秒，还剩 6 分 40 秒，自由读课文安排多少时间合适呢？

我自己快速朗读，计时 1 分 15 秒。齐读课文会比这个时间稍长，估计 1 分 30 秒左右。可见，任务三开始安排自由读 3 分钟，任务三结尾再安排自由读 3 分钟，这样比较合理。如果安排成前面读 4 分钟，后面读 2 分钟，前面只能读到 2 遍多，后面读到 1 遍多，这 2 个"多"，都是在读课文的前面部分，不能凑成 1 遍。从时效上来讲就是浪费了。

当然，任务三也不是一定要刚刚好 10 分钟，所以任务单上都有一个"约"字，"约 10 分钟""约 12 分钟"。但是，这个"约"不是说课堂教学时可以"大约""差不多"。习课堂强调的时间管理，是要把每 1 分钟，每半分钟，甚至每 10 秒钟都用好。这里的"约"，指的是通过朗读测试，该上调 1 分钟的，就上调 1 分钟；该下调 1 分钟的，就下调 1 分钟，是从实际出发，是实事求是。

管建刚： 是的是的。习课堂的备课不再要求写教案，但要求读课文，老老实实地读课文。要把一篇课文读得正确、连贯、不疙瘩，不容易。习课堂的备课备朗读还要求写下自己读书的时间，读整篇课文的时间，读关键段的时间。任务一、任务三的"读"需要这样预测，任务二、任务四的"写"也需要这样预测。预测中您有没有发现什么问题、遇到什么困难？

范天蓉：

有。《一只窝囊的大老虎》《陀螺》等长课文，正常语速读完 6 分钟左右，而任务一安排时间"约 12 分钟"，相当于读 2 遍课文时间就没了，还有"读词语"怎么办呢？

我从两方面解决这个问题。

一是提升学生朗读的语速。没有比较心里就没有数。一次，上《爬天都峰》，课堂多了 1 分多钟。我提议男女生齐读课文，PK 一下。哪组齐且快算获胜。女生平时读得好，为了让男生多一点准备时间，我让女生先读，女生用时 1 分 10 秒，男生刚要读，下课铃响了，没能进行。一下课，女生们就围过来问，男生齐读什么时候进行。女生们觉得稳赢了，一定要比出个究竟来。第二天早读课，男生齐读用时 1 分 20 秒，输给了女生。男生不服气，激发了他们的好胜心，决定回家好好练习，要求明日再战。第三天，他们用时 1 分 12 秒，虽然还是输，但他们胜过了昨日的自己。

　　二是用好早读时间。有一个奇怪的现象，学生一个个读，速度正常，一旦齐读，就会出现拖调现象，难听不说，浪费了课堂时间。朗读速度是需要练的。我加入习课堂才发现，把课文读正确、流利，真的非常难。我们一直把这件最基础的事情看得太简单了，大意会失荆州啊！一开始读课文录音，我起码要录七八次才能做到正确、流利，一个地方读错了，重新读，第二次又在别的地方读错了，常常需要读半小时。对于朗读能力较弱的孩子，他们恐怕读一个小时都很难做到正确、流利，又怎么可能读一个小时呢？所以，长的课文，早读课上一定要读，熟能生巧。读着读着，速度、整齐度就慢慢提升了。

　　管建刚： 任务单的时间设定的确不完美，我们也在不断修订。您不是埋怨任务单时间设定不科学，而是想办法提高学生的朗读速度、朗读能力。内归因的老师最了不起。

　　范天蓉：

　　我们班的菲菲很聪明，但朗读课文，用"糟糕"来形容一点儿也不过分。几乎没有一个句子能读顺溜的。缺乏自信的她，声音轻得你耳朵贴着她的嘴，也未必能听清楚。中等朗读水平的学生能读完一篇课文了，她只能读完一段。篇幅比较长的课文，我对她的要求是：上次自由读没读完，下次接着往下读，不要从头开始。

　　管建刚： 课堂上的举重若轻，都是课前的举轻若重换来的。课堂上 5 分钟、10 分钟的设定不是想当然设置的。只要是想当然的、随便的，一定伴随着浪费。

四、管好"读""写"时间

管建刚： 习课堂上学生都在忙碌，老师随便走走看看就可以了。您同意吗？

范天蓉：

当然不行。

首先，学生"读"，教师要管理"读"。

学生自由读设定为 4 分钟，班上 40 多个学生，平均在每个学生那里停留的时间不能超过 10 秒。这个环节，老师要"偏心"，偏向于朗读弱的学生。朗读能力强的，停留两三秒，敲个大拇指，敲个激励章，优等生往往只需要老师"扬鞭"，他们便会"自奋蹄"。朗读能力弱的，听一下，疙瘩得厉害，轻轻说声"加油"，必要的时候还要马上示范，有了进步，说声"很棒"，再敲个激励章。有的"马虎大王"，老师指几个多音字、易读错字考考他，教教他。

这学期，我们班来了个特殊的插班生，什么也不会读，课上无所事事的他，不是拉前面学生讲话，就是在地上爬，爬过几个座位去找不专心的"同僚"玩。每次朗读巡视，我都对他特别"偏心"，停留半分钟左右，教会他读一个句子，让他反复学这个句子。下一次自由读巡视，考查他这个句子还会不会读，会读了，再教他读下一句。这样下来，一篇课文，好一点儿，他能读一小段；差一点儿，也能读两三句。表面看，效果不大，实际上，无论对班级，还是他个人都有很大的意义。对班级来说，自由读时，能做到人人在读，他周围的学生都能安心读书了。对于他个人，每堂课都能在原有基础上进步，并且规范了他的课堂纪律。

第二，学生"写"，教师要管理"写"。

任务二、任务四，有的学生作业速度慢，怎么办？

一可以在时间过半的时候提醒一次。黑板上有计时器在走，学生也看得见，但部分学生往往还是不能把控好时间。如，第一课时的任务二，往往安排抄写词语、选择正确读音等。有些学生为了把字写端正，书写速度比平时慢了许多，铃快要响起了，还没完成抄词，后面的内容只能空着了。

我会在时间过半的时候提醒。如《观潮》第一课时的任务二，去掉指导写字和当堂听写，只有 8 分钟，这 8 分钟里要完成的内容包含：抄词、选择读音、填词、选择答案。后三项，学生需要 2 分钟时间，那么抄词在 6 分钟内必须完成。8 分钟的计时器过了 4 分钟，我会说："已过 4 分钟，抄词必须 2 分钟内完成。"听到这个提醒，写得慢的学生就会加快速度。当然，这时候的字大大不如前面的好，但，"好"和"完成"，"完成"应该优先。长期训练，学生也会两者兼顾。

二可以反复表扬又快又好的学生。发现大家普遍速度不够快，表扬写得快的学生能起到催促的作用。"某某同学，已经做到第 * 题了！字还端正呢！""部分同学，已经做到第 * 题了！速度真快！""大部分同学，已经做到第 * 题了！暂时落后的，加把劲，一定能赶上来！"……

任务二、任务四，学生过早地完成了，怎么办？

那就关闭计时器，进入下一个任务的学习。《西门豹治邺》的第二课时任务四，就出现了这样的情况。任务四设定时间为 7 分钟，结果学生们只用了 4 分钟就全部完成了，剩余了 3 分钟。

出现剩余时间太多，一定要找原因。我查看了题型，3 道判断题，4 道选择题。从学生写答案的角度来说，可以非常迅速。但，真正把选段读仔细，真正认真读题，再对照课文的内容想清楚，4 分钟的答题速度太快了。批改结果显示的确如此，全班全对的只有 2 人。

在作业讲评时，我带着大家读选段，读题目，分析题目，得出答案，结果花的时间符合任务单的设定。

学生开小差有两个明显的外在表现，一是眼睛，二是手。课堂管理要管住学生的眼、学生的手。

老师喊口令："小眼睛。"学生答："看屏幕。"个别学生，嘴里答"看屏幕"，眼睛却没有跟着指令动。这时候，我会转换语调，重复提醒他："小眼睛！小眼睛！"学生答："看屏幕！看屏幕！"如果这样都无法唤醒他，为了不耽误时间，我会一边继续课堂流程，一边走到他身边，给他发一张黄牌，以示警告。学生连续得到三张黄牌，不仅要罚 1Q 币，还要接受约定的小惩罚，如：下课到办公室把课文读一遍，午餐后到办公室把这一课的生词认真地练写一遍，第二天晨会课时，当着全班同学说保证……这些小惩罚，学生可以自选一个，第二次再犯，第一次选择的那个选项去掉。

有些学生看似很认真地读屏幕上的词、句，手里却总拿着一些东西玩，可能是一块橡皮，可能是一把尺，或是其他物品。玩着玩着，东西掉了，他得去拣，于是不知道课堂进行到哪里了。哪些人有这些坏习惯，老师要看在眼里，私下要跟他们约定好，手里玩的东西都会被没收，没收的东西需用习课堂 Q 币赎回。

管建刚： "没收的东西需用习课堂 Q 币赎回"，这一招您是怎么想出来的？太有才了！

五、复习阶段的时间管理

管建刚： 每到期末复习，老师们都说时间不够。您想必也遭遇过此类尴尬和辛苦，现在您如何通过时间管理来从容地进行期末复习呢？

范天蓉：

以前，我不懂时间管理。一张密密麻麻的"看拼音写词语"复习卷发给学生，学生拼命做，一做就是一节课。收上来，批得眼睛发花是小事，气人的是后进生们没填几个词，还是错的居多！40 分钟写几个词，多么浪费时间。全部正确的，只有几个学生，甚至一个学生也没有。老师批改后，他们订正，由于错误率不同，订正速度也差距很大。错几个的，几分钟订正完了；没对几个的，一节课也订正不完。这个订正时间我们怎么安排？

后来，我学聪明了，把默写纸提前发给他们，他们回家去看了，第二天的默写肯定能好。理想很丰满，现实很骨感。积极上进的学生，的确默写得更好了，老师最希望去准备的后进生，却往往没去准备。那么，到底该怎么做好呢？

"管理时间就是管理生命。"每天在工作开始之前，比尔·盖茨都会制订好行程表。他的行程表都是以 5 分钟为单位安排，这样，每个 5 分钟里都能让自己变得更加专注。这时候，习课堂的计时器可以发挥大作用。

复习生字新词，我们以"行"为单位（一行 8 个词左右），1 行自由复习 1 分钟，5 行为一个任务。5 分钟计时开始，学生就针对 5 行的生词进行复习，出现不会的或吃不准的，马上对照生字新词表，在课桌上书空一遍。时间到，默写这 5 行，默写时间也是 5 分钟。由于有了前面的复习，默写速度大大提升，5 分钟足够了。一节课可以完成 20 行的默写，大约 160 个词。以四年级上册为例，词语表里的词语 250 个，用两节课默写，时间还有多余，正确率还很高，一般错误都在 10 个以内，多一点儿的 10 几个。老师的批改速度也提升了，心情也好了很多。正确率高了，订正速度自然也快了。会不会出现有的学生就是不会默，跟不上进度？肯定有。这种个别现象，我们只能个别对待了。比如我的班上，就有三个这样的孩子，其中一个连字都不怎么会写的，我要求他抄写正确，就算对。另外两个学生，每个字都会写错的，5 分钟的量改为 1 行。不能因为要等这 3 个人，而影响了大部队的进程。而这 3 个人，也在 40 分钟里充分利用了时间，完成了自己能承受的任务。提醒一下，学生订正的遍数不重要，重要的是错误的词必须再默写一次。

整个复习阶段，新词仅靠一次复习肯定不够。习课堂每个单元的复习任务单第一课时，都安排了词语的复习，每天花几分钟默一下，巩固一下，效果就更好了。八个单元，需要在 8 天里每天抽出几分钟。

课文、成语、谚语等的默写，都可以像默写词语一样操作。以四年级上册为例，课文需要默写的内容共 20.5 行，1 分钟复习背诵 1 行，1 分钟默写 1 行（速度快的，大约 30 秒就能完成），需要 41 分钟，大约一节课的时间。语文园地有 4 句名言，8 句谚语，6 个八字成语，12 个四字成语。共 18 行，读默需要大约 36 分钟，也是一节课。本书中共 11 首古诗，一首古诗读 2 分钟默写 2 分钟，共需 44 分钟左右，约一节课。

书本上的默写工作，5 节课可以完成，每天花一节课默写，一周就可完成默写复习。

管建刚： 不少老师总想着复习内容，却没怎么考虑复习时间。复习内容÷复习时间＝复习效率。习课堂的"时间管理"理念，您用活了。上学期您所带的班级教学质量名列前茅。本学期特殊原因，转走了8个优等生，转来14个中后等学生，你有信心吗？

范天蓉：

有。我的底气来自习课堂，来自每一篇课文的每一张任务单，来自每个单元的复习任务单。

选择题的知识点从哪里来呢？从基础知识点里来。我就帮学生做好基础知识的"读"。

1. 读难读字词。

"你真是太幸运了，选择题一道都没错！"我常常听到有学生这样说。选择题的正确率真的靠运气？当然不是。选择题考查的也是知识点的掌握。以考查学生读音的选择题来说，无论是"选出读音完全正确的一项"，还是"找出读音有误的一项"，如果每一个读音，学生们都牢牢掌握，选择题还会错吗？

习课堂任务单的第一课时，都会安排"选择读音，我秒杀"，需要掌握的读音，容易读错的读音都在里面。可以说，掌握了这道题，就能让学生完美拿下"读音选择题"。时间上，怎么安排合适呢？以四年级上册为例，27篇课文，每篇课文4—8个读音选择，我数了数，共179个读音。平时早读学生养成了读任务单复习的习惯，那么，完全可以做到一次性读完，一次性练习。每个词读一次大约1秒，179个词3分钟读完。每个词读一次，效果不如读2次，而第二次读的速度快于第一次，基本6个词只需8秒，读完任务单上所有的"选择读音，我秒杀"，只要4分钟。选择读音，也只需1秒，3分钟做完。6—7分钟就可以复习完读音的选择题。加上订正，订正后的读，3分钟即可。整个任务，10分钟搞定。

花10分钟解决了一册书上的所有难读字词的读音，你是不是被惊到了呢？这就是习课堂"时间管理"的魅力。

2. 读语文书、读任务单。

语文书、任务单里藏着许许多多基础知识点。

语文书读什么？小古文的节奏读出来，角角落落的知识点读一读、背一背。

任务单读什么？选择题的答案读出来，角角落落的知识点理一理、背一背。

以前，我有个错误的想法，语文书除了生词和背诵的内容，就没什么值得复习的了。其实不然，导语页里的诗、名言警句学生都要掌握，何况每篇课文里的知识点了。以《一个豆荚里的五粒豆》为例，语文书里有作者的名字和国家，课文后面有问题清单。而任务单里，有课文内容的分析，如五粒豆的愿望和结局；有易错标点的练习；有理解性的选择练习……两者结合起来，学生通过读背掌握这些知识点。老师可以再拓展一些知识点，如：课文选自哪部童话故事书？除了这篇课文外，你还知道他写的哪些童话故事？

语文书、任务单结合在一起，一篇篇地梳理课文知识点，大概需要2节课。

3. 读作文任务单、学生作文。

每个练习卷里的作文是必不可少的，作文复习也有必要。

时间上如何管理呢？

习课堂习作任务单一般有4个例子。复习的时候，每个例子按照"自由读1分钟——齐读"的节奏，4个例子需要6分钟，再读2分钟自己写的本单元习作。动笔时间，用2分钟判断、勾选自己的习作符合的作文题。这样，一篇习作需要复习10分钟，8篇习作需要80分钟，共2节课。

4. 读短文、读题干。

学生答题，总舍不得把时间花在阅读短文上，匆匆瞥几眼，就答题了，这个习惯非常不好。习课堂常常训练他们先充分读再做题，一到单独做练习卷了，学生的节奏就乱了，选文不好好读了，问题随便答一点拉倒了。这就需要我们训练学生分配答题的时间，掌握好做阅读题的节奏。

四年级做一张练习卷，一般100分钟到120分钟，试卷有2篇阅读一般安排 100 分钟，有 3 篇阅读一般安排 120 分钟。基础题安排 30 分钟时间答，作文安排 40 分钟时间答，还剩 30 分钟答 2 篇阅读，即 15 分钟一篇。120 分钟的试卷，那还有 50 分钟答 3 篇阅读，约 17 分钟一篇。现代文一般 600 字左右，一个四年级孩子的阅读速度一般每分钟 200—300 字，2—3 分钟可以完成一次阅读。

我先用计时器计时 3 分钟，学生完成一遍默读。我再计时 2 分钟，学生读一个个需要答的问题。接下来计时 3 分钟，要求带着试卷上的问题读一遍选文。最后，计时 7 分钟，学生完成答题。几次练习下来，学生看到阅读题，心态平稳下来，能按着适合的节奏做题了。

如果遇到文言文，一样的操作，文言文虽然短，但理解起来会费劲些，还要看一些词的翻译，依然需要约 3 分钟的阅读。文言文复习 1 节课（4 篇），现代文复习 1 节课（4 篇），非连续性文本复习 1 节课（4 篇），12 篇阅读练习可用 3 节课完成。每篇阅读的讲解加订正大约需要 8 分钟，共需约 2.5 节课。

管建刚： 学生有了答题的节奏，心不慌、气不短了。考场如战场，心慌气短，会的也会错了，所以总有学生走出考场连连懊恼，这道题我会的，可是我错了。复习阶段的时间管理，高！

范天蓉：

期末复习少不了要做练习卷，但一定要"少而精"。练习卷起到两个作用，一是让学生熟悉题型，二是让学生练习答题的时间分配，掌握答题的节奏。

单纯地做一张又一张的练习卷价值不大。

以四年级上册为例，我们总结一下复习大概需要多少时间，课本默写复习 5 节课，语文书、任务单梳理复习 2 节课，作文复习 2 节课，阅读题复习 5.5 节课，共 14.5 节，一周的课时量，再加上早读课、午读课等，一周时间基本能搞定。

如果我把这 14.5 节课用来做练习卷，可以做几张呢？答案是 5 张。一张练习卷学生要做 2 节课，批改好，讲评和订正又要 1 节课，也就是说一张练习卷要 3 节课，5 张练习卷要 15 节课。相同的时间，5 张试卷做下来的效果，与前面一系列复习比起来，哪个效果更好呢？显然是系列复习。

对老师而言，学生做一张又一张的练习卷，也很累。批一张练习卷大约多久呢？如果有作文，绝不会少于3节课。我们班44个学生，每个学生的练习卷批3分钟，就超过3节课了。加上学生答题时的课堂管理、练习卷讲评和订正批改全部完成，一张练习卷老师往往需要5—6节课，这就是为什么到了期末复习老师们都要加班加点的原因了。

学生花30节课，完成10张练习卷，基础题是否都能掌握？期末测试是否就能稳操胜券了呢？复习时间一般也就两个星期，去掉周末也就10天，几乎每天要完成1张，也就是每天花3节课在语文上。加上数学、英语呢？学生要花多少时间才行呢？不累才怪。

管建刚： 原来精打细算的时间管理才是复习阶段"减负"的好帮手。既减轻了学生的负担，也减轻了老师的负担，"减负"的同时还能"增效"。祝贺范老师，通过时间管理把自己从繁琐的工作中解放出来，也祝贺您的学生在高质量的时间管理下，取得一次又一次的高质量的学习成绩！

第九章

对谈习课堂奖励题

管建刚："使用零碎时间"是习课堂狠抓的七个习惯之一。习课堂有四个任务单，任务二和任务四的"写"，有的学生完成得快，有的学生完成得慢，快的同学多出来的"零碎时间"怎么用？习课堂的奖励题解决了这个问题，先完成的读背奖励题。

孙志颖：

积累经典诗词、古文佳句不仅可以引领学生感受中华文化的丰富博大，也是增加文学修养的重要方式。经典诗文的背诵在统编语文教材中已成为语文阅读必不可少的一环。习课堂任务单设计的奖励题，以国学经典为主，一年级任务单的奖励题是《弟子规》精选，二年级是 400 个成语，三年级是《声律启蒙》《笠翁对韵》节选，四年级是小古文，五年级是《论语》精选，六年级是中学课文古诗词名句精选……

习课堂团队以各年级段学生的认知发展特点为依据，精心挑选和编排，形成了任务单上的奖励题。课堂中，一旦有学生开始背诵奖励题，便说明已有人完成任务单上相应的习题。听到周围同学琅琅的诵读声，未完成任务单的学生便有了时间的紧迫感，就会想着尽快完成任务单，加入到读背奖励题的行列中。课堂上，抓紧时间高效完成任务单的人就会越来越多，读背奖励题的学生也越来越多，渐渐的，形成了一个良性循环。如此一来，课堂的节奏紧凑、高效有序愈发明显，越来越多的学生参与到奖励题的背诵行列中。

奖励题的设计是习课堂培养学生"使用零碎时间"的重要一环。不是可有可无的，不是有时间便读一读，没时间就不读。用好奖励题这块阵地，真的会收到意想不到的惊喜。

管建刚： 奖励题是习课堂的特色之一。它有三个功能：积累经典；督促伙伴；用好零碎时间。

低年级：趣味奖励题

孙志颖：

习课堂的奖励题设计有梯度、有规划，由易到难、循序渐进。我们根据低中高段不同年龄阶段孩子的身心发展特点，力争让奖励题的作用发挥出最大的效应。

低年级的奖励题以数字成语、动物成语和《笠翁对韵》为主，浅显易懂，声韵协调，读起来朗朗上口，突出低年级学习的趣味性。低年级的课文篇幅不长，任务单的习题也相对基础，学生完成任务单效率较高，读背奖励题有了更加充足的时间和更丰富的舞台。低年级习课堂背诵奖励题，我们这么做——

1. 印章激励，激发热情。

刚用习课堂，学生不知道完成任务二、任务四后要大声读背奖励题，没有主动背诵奖励题的意识，时常要老师提醒。课堂上，只要学生主动大声读背奖励题，老师不要吝啬手中的激励印章，给孩子郑重其事地扣上一个鲜红的印章，朝他们竖起大拇指，再加上一句："真好，主动背诵的孩子最美！""哇，你战胜了时间！""背诵小达人，非你莫属！"

渐渐的，完成任务单就主动背诵奖励题成了孩子们的习惯。课堂巡视中，偶尔发现有的学生背诵的声音过响、过大，老师提醒他声音稍微轻一点；有的学生背诵不张嘴发出声音，老师提醒他放出声音来背诵。一枚小小的印章，有着巨大的魔力，激情澎湃的背诵声不绝于耳，同学们背诵的劲头十足。

二（2）班的凯瑞同学，学校出了名的淘气包。圆滚滚的肚子像塞了只小皮球，胖嘟嘟的脸上有着一双顽皮的小眼睛，衣服总是沾满了灰尘。原来，凯瑞是典型的课堂捣乱分子。自从实行习课堂以来，凯瑞的上课状态有了翻天覆地的变化。读课文时走神，老师过去摸摸他的头，他便能迅速调整，继续读课文。因为读课文不认真，任务单的题不会，凯瑞常常急得抓耳挠腮。看着周围同学都已经完成任务单在读背奖励题，看着老师的印章印在了其他同学的奖励题上，凯瑞的小眼睛里闪过了一道不肯服输的光。慢慢的，凯瑞明显比以前坐得直了，读课文也愈发卖力气，有时读得口干舌燥，甚至青筋暴起，当然，语文书上的印章也越来越多了，他读得更起劲了。

现在，凯瑞基本都能按时或提前完成任务单，给自己争取出时间读背奖励题。下课前的展示环节，凯瑞得意洋洋地站到了讲台前，挺着肚子，脖子伸得老长，脸上洋溢着自信的光芒，那模样可爱极了。

"我背诵，我快乐"。小小的印章，激发了学生背诵的热情。

2. 成语游戏，乐趣多多。

苏霍姆林斯基说："没有识记和背诵，教学和智力发展就是不可思议的。"二年级背诵数字成语，我们老师会把当天要背诵的成语数字写在黑板上，孩子们纷纷说出关于这个数字的成语。每说出一个成语就奖励一个印章。

为了得到更多的印章，孩子们不仅背任务单上的成语，平时也会格外注意搜集数字成语。那段时间，低年级的孩子们课下都在讨论成语，比赛谁积累的数字成语多，个个眉飞色舞，神采飞扬，甚至有的孩子买来了《成语词典》，成天爱不释手。一时间，班级里掀起了成语热。说成语、背成语成了孩子们课下最热衷的事情，当然，一个个奖励章发挥着巨大的鼓舞作用。

瞧，关于"一"的成语，二（2）班的同学们齐刷刷举起了小手。

"嘉森，你先来！""一心一意！"小家伙声音干脆利索。"舒瑶，你来说第二个。""一叶知秋！""好，给你点赞。"张老师笑眯眯地看着学生们。"一尘不染、一无所有、一鸣惊人……"孩子们纷纷说出了自己的答案，得到印章的孩子个个喜形于色。嘉毅向来脑子是最灵了，做题速度最快，背诵奖励题的时间也最多。成语大比拼就是他展示的舞台。"一穷二白、一望无际、一尘不染、一举两得、一唱一和。"只见嘉毅站起来，一口气说出了五个"一"字成语，同学们都忍不住鼓掌喝起彩来。

　　看着嘉毅一下子得了五个印章，还没有得印章的学生彻底坐不住了。纷纷举高了手，有的站起来手都快举到老师前面了。"一落千丈。"表扬一诺同学说出了自己积累的'一'字成语。""老师，我也会，我也会！"孩子们的一只只小手像一棵棵拔地而起的小树，"一网打尽、一日千里、一蹴而就……"时间在孩子们争先恐后的抢答中飞逝而过。等时间一到，老师宣布结束的时候，整个教室一片"唉"的叹息声："要是时间能慢一点儿就好了，那样我的印章又能多几个了。"

　　课间，孩子们热情不减，成语接龙、成语擂台赛玩得热火朝天。

　　数字成语对低年级孩子来说难度不大。在数字成语基本掌握的情况下，逐渐开始学习动物成语了。动物成语相对于数字成语有了一定的难度。怎样更好地掌握动物成语呢？除了课上的奖励背诵外，老师们又开发了"你演我猜，动物成语大舞台"的小活动。

　　学校教导处安排，午饭后是订正任务单的时间。中午时间较长，订正完任务单后，还有一部分空余时间，便进行"你猜我演，动物成语大舞台"活动。每天中午，各班选择五到八组学生，自由组合，进行猜演。猜到的学生和表演的学生同时奖励 Q 币或者印章，5 个印章换 1Q 币，有的学生会选择 5 个印章，视觉上更有冲击力。

　　表演时间到，二（1）班教室里顿时成了欢乐的海洋。子铭和云铄是班里的一对活宝，两人经常在一起玩，配合度较高。子铭表演云铄猜。只见子铭一上台就指手画脚的，不知他搞什么名堂，大家一头雾水。子铭只好继续演下去。他用一根手指头，点到云铄的眼睛上，再用食指和中指点到自己的眼睛前面，之后还发出野兽般的嚎叫声。看了他的表演，学生们托着腮冥思苦想。他用手指点到云铄的眼睛上，说明这个成语跟眼睛有关，他发出野兽的叫声，说明这个成语与动物有关。只见云铄眼前一亮，"画龙点睛"，答案正确，获得激励章一枚。仟悦和佳轩是第二组。仟悦一上来就拿教鞭在讲台上打了几下，然后扭动着身子快速地走了下去。"龙飞凤舞"佳轩迅速反应。仟悦摇摇头。有的学生已经按捺不住，几乎要脱口而出。佳轩恍然大悟："打草惊蛇。"仟悦点点头。前两组都非常顺利，当然有时候也有猜不出来的，就要请教现场观众啦。教室里沸腾起来，洋溢着孩子们火一般的热情。

每天中午的"成语大舞台"成了校园里最欢快的风景。孩子们在游戏中掌握了越来越多的动物成语，积累就这样愉快地发生了。

管建刚： 低年级从课上的奖励题，延伸到课间、延伸到午间，学生的积累越来越丰富，不知不觉中扎实了语文功底。孙老师，一段时间后，孩子们的新鲜感会下降吗？有什么办法保持孩子的热情呢？

孙志颖：

是的，会下降。所以一段时间后我们便会推陈出新，让学生保持持久旺盛的积极性，比如下面的成语故事活动。

3. 成语故事，一展风采。

寓言成语、神话成语几乎每学期都会出现在课文里。清晨的早读课，低年级各班开展"成语故事我来讲"的小活动。孩子们从任务单中选取自己喜爱的成语故事，自由报名，提前准备，还可以做好PPT，在早读课上会看到孩子们绘声绘色讲成语故事的美好画面。

二（1）班小文同学比较内向，不善于表现。但他在读背奖励题上也一直很积极，争取早完成任务背诵奖励题。这次登台讲成语故事，小文的题目是《守株待兔》。小文走上讲台，打开PPT。PPT是妈妈帮他做的，画面精美，上面的字特意加大了，一看就很用心。刚开始，小文盯着PPT，不敢看同学们，声音也很小。渐渐地，小文声音大了一点儿，眼睛慢慢看向了同学们。他还准备了卡通图片，一边说一边出示图片，形象生动。孩子们的眼睛直直地盯着，都沉浸在故事里。慢慢的，小文的声音越来越洪亮，故事讲得也越来越流利，当他讲完最后一个字，长长地舒了一口气。同学们热烈地鼓起掌来。

讲成语故事不只是让孩子积累了更多的成语，也弥补了习课堂学生"说"的短板。

管建刚： 既加深了学生对课文的理解，又锻炼了学生的口头表达能力，一举多得。小小奖励题玩出了大花样、大功效。有人说习课堂机械，我个人是不接受的。机械与否不在于设计，而在于使用；枯燥与否不在于干什么，而在于跟谁一起干。

中年级：竞争奖励题

孙志颖：

中年级的奖励题，我们主要发挥它的竞争性，以带动中后等学生。

每个班级里的学生都存在差异。无论什么课堂，都会出现一种普遍状况：学得快、吸收快、写字速度快的孩子早早完成任务，无事可做了。无聊比枯燥更可怕，尤其是小学生，无事可干会导致各种课堂问题。

习课堂上，整整 40 分钟的时间学生都有事情干，而且是全员参与。整节课学生都在忙着读，忙着习，忙着写，忙着背，每一个环节都有满满的"习"的任务在等着他，在这种充实紧张的课堂上，一转眼就下课了。优等生有事可做的最好妙招就是奖励题。然而，奖励题的效应不仅限于此，用好奖励题，会给课堂带来一个又一个小惊喜。

1. 奖励题，激发竞争意识。

三（2）班的佳佳和宁宁是一对死党姐妹花，平时课间、午餐两人总是手挽手、肩并肩，形影不离、亲密无间的模样，两个人的学习成绩更是旗鼓相当，不相上下。每次王老师在讲台上公布成绩，第一名的名字不是佳佳就是宁宁。两个人虽然平时好似一对亲姐妹，一到学习上却是谁也不肯服输，都在暗暗较着劲儿。

这学期，王老师在每节课下课前都会挑选当堂背诵奖励题的学生进行展示，当然背诵熟练的学生便会奖励 2Q 币。为了获得 Q 币，孩子们背诵的热情愈发强烈。看着教室墙壁上每周 Q 币富豪榜的人名变幻，足够刺激着孩子们心中强烈的竞争意识。

这节课下课前，王老师照例让率先背过的学生展示。佳佳和宁宁把小手举得老高，生怕老师看不到。王老师喊了佳佳的名字。"仁无敌，德有邻，万石对千钧。滔滔三峡水，冉冉一溪冰。"佳佳百灵鸟般甜美的声音响彻教室，背诵准确、流畅还极富感情，瞬间赢得了阵阵热烈的掌声。王老师郑重地把5Q币交到佳佳手上，一旁的宁宁一脸羡慕，怎奈下课的铃声响起了。

接下来的几天，课间常常看到宁宁躲在教室里提前背诵当日的奖励题部分，还不忘把前边的《声律启蒙》一遍遍温习。佳佳喊她几次一起出去踢毽子，她都忍住没出教室。

这天，快下课时，王老师喊了宁宁背诵奖励题。这小姑娘站起身，昂着小脸，自信满满地背起来："霜对露，浪对波，径菊对池荷。酒阑对歌罢，日暖对风和……春分对夏至，谷水对山涛。"好家伙，她如行云流水般一口气背诵了不下八句，小脸涨得通红，惊掉了所有人的下巴。当王老师把Q币递到她的手上，这姑娘的脸上着实笑成了一朵花。

管建刚： 习课堂强调"同伴伴随"。同伴间的竞争最能焕发孩子的斗志。请问孙老师，对自制力差的学生奖励题有用吗？

孙志颖：

奖励题对于淘气包的激励作用是非常好的，也是我要谈的第二点——

2. 奖励题，改变淘气包。

相对一二年级，中年级的课文长了，生字词的数量多了，任务单的题目难度也增加了。九月刚开学，多数学生还没有从假期的松散状态调整到位，任务单做起来有些吃力。三（2）班赫赫有名的淘气包浩宇早就摩拳擦掌要证明自己是最棒的学生。任务一读课文，他快速用眼睛扫描，嘴唇轻轻翕动，手指一根两根增加……闹钟一响，时间到。大部分学生读了两遍课文，浩宇已经读到第四遍，四根竖起的手指头骄傲得如皇冠一般。

任务二抄写词语部分很是花费时间。有的课文生字词很多，甚至还增加了一些四字词语，笔画多，容易错，写起来不容易。比起低年级的任务单，题量也增加了。有时老师心里也没底，不确定学生是否能在规定时间内完成任务。

"文彦博取球（上）文彦博少时，与群儿击球。球忽跃入树穴，群儿谋取之。——选自《民国老课本》"。浩宇在班级中率先读起了奖励题，声音洪亮，表情得意，小身板挺得笔直，分明希望所有聚光灯都投射到他的身上。王老师快步走过去，拍了拍他的后背，大拇指也送上："你是第一个做完任务二的同学，厉害！更厉害的是，你不需要老师提醒就能主动读背奖励题，了不起！"话音未落，大拇指的印章已经扣上，浩宇朗读得更起劲了。又有几名同学不甘示弱，朗读奖励题的声音陆续多了起来。王老师抬头看看计时器，12分钟，这些孩子在奖励题的诱惑下，比老师做任务单的速度还要快！

提起浩宇，令老师头疼不已。刚入学一个月，这个小家伙就在教导处挂上号了。这个淘气包不仅令语数老师一筹莫展，更是科任课上的大麻烦。传统语文课堂上，老师讲，学生听，这是基本的纪律。可是浩宇偏不遵守，他有疑问就会大声提出来，不管是否打断老师讲课，不管是不是妨碍其他同学发言，更不管是否有听课老师在场，只要他想说想问想表现，谁也阻挡不了他闪亮登场，每次去这个班听课，浩宇总是给我留下深刻印象，上课的老师更是连连摇头，唉声叹气。

习课堂后，浩宇渐渐发生了变化：他以读课文比别人快，读的次数比别人多作为吸引老师和同学关注的法宝；他以高效完成任务二、任务四，第一个主动背诵奖励题作为战胜时间的利器；他以快速准确背诵奖励题作为换得更多 Q 币的契机。浩宇不再是课堂的破坏者，反而成了课堂的主动参与者，成为课堂中积极进取的佼佼者。

管建刚： 大多淘气包之所以淘气，是想获得别人的关注和认可。习课堂激励印章、管理 Q 币与奖励题的结合，用到淘气包身上，他们想获得关注和认可的目的达到了，淘气包就自然脱下了淘气的外衣。

孙志颖：

三年级的任务单奖励题《声律启蒙》读起来朗朗上口，可也有很多生僻字。浩宇喜欢挑战生僻字，他以认出别的同学不认识的字为傲。周边的同学常常捧着任务单向浩宇请教："浩宇，这个字读什么呀？"小家伙一脸得意。班里更有崇拜者称浩宇为"识字专家"，他别提多兴奋啦！讲台上常常出现浩宇领诵的场景，激情四射，神气十足。奖励题的背诵，让浩宇获得了前所未有的荣耀。

四年级的奖励题是《民国老课本》的节选。刚开始背诵奖励题时，学生们对内容并不理解，只是机械地背诵。但背得多了，他们发现奖励题的语言非常简练。《民国老课本》的选文，大多一句话描写一个事物，有燕子、手、帽子，有玩球，有捕虫……课间，常常看到学生们用里面的短句玩"你说他猜"的游戏。浩宇摇头晃脑地说着："衔泥衔草，重新筑巢。""燕子！"一群小伙伴齐声应和。如此有趣味的课间游戏，取代了往日的追跑、打闹！

管建刚： 习课堂强调，要从关注教学设计、教学流程转变到关注学生，老师在课堂的主要精力是看学生、听学生、组织学生、管理学生、激励学生。学生满眼是任务、是学习，教师满眼是学生、是激励。奖励题居然成为学生的课间小游戏，只有想不到，没有做不到啊。

孙志颖：

3. 奖励题，增添课堂乐趣。

四（3）班正在进行《夜间飞行的秘密》第一课时，大屏幕的任务四计时8分钟，孩子们拿起"武器"，纷纷开始"战斗"！

不到5分钟，一个胖胖的男生第一个完成任务四，朗读起奖励题。老师循声走过去，一边夸他，一边检查题目的正确率。小胖一看就是个老实孩子，读起课文来一板一眼，波澜不惊，不承想自己平淡的朗读引起周围几个同学的笑声。也许是他一时丈二和尚摸不着头脑，也许是因为老师就站在他身旁而不好意思问，小胖并没有受到同学笑声的影响，而是继续朗读奖励题："吃螺蛳（上）有盲子暑月食螺蛳，失手堕一螺肉在地。低头寻摸，误捡鸡屎放在口里。——选自《笑林广记》。"老师仔细一听，也不禁笑出声来。

徐老师终于明白了孩子们的笑源自于今天的奖励题，赶紧表扬："连文言文都听得懂，语文学得真好呀！"读奖励题的孩子们读得更带劲儿了，那得意的表情分明写着"瞧，我很厉害吧！"更多孩子为了能亲自品读这有趣的奖励题，加紧做完了任务四，急忙捧起书来大声朗读："吃螺蛳……"

环视全班，70%的学生已经在读背奖励题：调皮鬼们将笑话读到脸上去了，边读边笑嘻嘻地给周围同学递个眼神；乖孩子们读得一本正经，时不时扣上书练习背诵。

奖励题像长跑比赛的终点，又像一份别出心裁的礼物，比别人优先完成任务单去背诵奖励题的学生内心一定是自豪的，大家都争先恐后想获得印章和 Q 币，背诵起来总是乐此不疲，洋洋得意。是呀，任何一个孩子都是希望能够获得肯定和表扬的。

奖励题让课堂变了样，让孩子们变了样。

管建刚： 习课堂，同一时间内大家都在读、都在背、都在写，几十个学生成为一个有组织、有纪律、有奖惩的学习共同体。人人动起来，人人有机会。主动的学生有机会，不主动的学生也有机会；积极的学生有机会，不积极的学生也有机会；喜欢发言的学生有机会，不喜欢发言的学生也有机会；外向的学生有机会，内向的学生也有机会。奖励题的设置，带给每一个学生一个积极向上的课堂。

高年级：创新奖励题

孙志颖：

课上，完成任务二、任务四，孩子们背得热火朝天；下课前，主动站起身要求当堂展示背诵的孩子争先恐后；课间，成语接龙、我说你猜的文字游戏花样层出不穷……看到如此欣欣向荣、蒸蒸日上的可喜局面，我们暗地里乐开了花。然而固守一种奖励形式，学生热情的火焰便会逐渐减弱，尤其是高年级的学生。只有不断推出新的奖励形式，不断变更奖励题的激励形式，才能让他们紧跟老师的步伐，吸引他们的注意力。

1. 附加题，让优等生更"优"。

高年级的老师们为了充分发挥奖励题的激励作用，在单元测试中，设置了"附加题"环节。附加题的内容便是任务单的奖励题。

五年级下册任务单的奖励题内容为《论语》的节选。在第一单元的试卷中，五年级老师增加了两道附加题：大显身手展示区，你能补充下面的语句吗？1. 邦有道则知，（　　　　）。2.（　　　　），（　　　　），非礼勿言，非礼勿听。这两个小题，每小题 5 分，共计 10 分。试卷发下去，平时班级里的优等生抑制不住脸上的兴奋。是啊，有附加题可以挑战，挑战成功，证明了自己的实力和学霸的地位，即使挑战不成功，也不会扣分，更不会影响自己的整体成绩。

孩子们做完前边的试题，个个跃跃欲试。平时上课背诵过关的学生，可能因为没有及时复习，遗忘了，冥思苦想好久也没填上。嘉嘉是五（2）班的学霸，这个姑娘平时奖励题的背诵总是第一个轻松过关。此时的她奋笔疾书，"唰唰唰"地在试卷上写着答案。孙老师走过她的身旁，瞧见她的两道附加题填得完整准确，一副势在必得的模样。

放学前，孙老师捧着一摞试卷走进教室。公布成绩的时候总是激动人心。"93分""94分""95分"……"这次考试班中的最高成绩是高雨嘉同学，96＋10！"话音刚落，教室里响起一阵热烈的掌声。"善于积累，主动背诵，是学好语文的关键。请同学们向高雨嘉同学学习！"

本次测试，五（2）班附加题全对的学生有6人。孙老师亲自为这6名学生颁发了5Q币，台上的6个孩子满脸洋溢着骄傲。

第二单元的测试，老师们照例增加了附加题：1. 父母之年，不可不知也。（   ），（   ）。2. 中人以上，可以语上也；（   ），（   ）。有了上次附加题有效的刺激，这次挑战附加题的孩子明显增多。一张张小脸写满了自信。成绩一出，附加题全部正确的学生达到了15人，占班级学生总数的三分之一。看到这15名学生手捧Q币站在讲台上笑靥如花，真好！

把习课堂奖励题纳入考试的附加题，优等生拥有了展示自我的舞台。

背诵奖励题的环节，老师们常常被学生问得哑口无言，好不尴尬。说心里话，习课堂的备课，我们将大部分精力放在了任务一、三"读"的环节，任务二、四的"写"的环节；对于奖励题，往往是一带而过，读一读罢了，从来没有细细琢磨，追踪溯源，才会导致这些窘况。多次被学生问倒的尴尬，让老师们将奖励题的备课也提高到一个重要的位置。

管建刚：习课堂强调基础，强调习惯。大量读背就是基础，就是"内功"。没有内功的学生不可能成为优等生。中等生想要转型为优等生，非要练好内功不可。学生要练好内功，老师也要练好内功。这就是习课堂所强调的最直观、最经济、最形象、最有效的"教"是"示范"。

孙志颖：

2. 奖励题，让学生真正成为时间的主人。

记得您在一次培训上对我们讲：决定人与人之间差距的不是智商、不是情商，而是他们对时间的把控。鲁迅先生也曾说："哪里有天才，我是把别人喝咖啡的时间都用在写作上了。"是的，如果能合理管理时间，并合理利用碎片化的时间，真正成为时间的主人，长此以往，100%会收获意想不到的惊喜。

六（2）班的小彭是个典型的慢性子，做任何事情都是慢吞吞的，从不着急。但小彭格外喜欢诗词，是《中国诗词大会》的忠实粉丝，电视节目中遇到的诗句九宫格，直让他大呼过瘾。怎奈自己这个拖拖拉拉的坏毛病，让他常常完不成作业，挨批评、受责备是家常便饭。习课堂的奖励题，让小彭看到了希望之光。

六年级上册的奖励题，是七年级的古诗文节选。课堂上，完成任务二、任务四的学生，争先恐后的背诵声一阵响过一阵。老师在班中规定：下课前，完成任务单的学生中，当堂报名背诵奖励题，背诵过关者，奖励2Q币。要知道，Q币对使用习课堂的孩子来说，那可是令他们疯狂的存在。小彭当然也不例外，背诗词对他本就驾轻就熟，是他的强项。若是因为拖拖拉拉完不成任务单而错失良机，岂不是大大的可惜？

自此，课上的小彭做任务单再也不东张西望，不慌不忙，而是变得争分夺秒，惜时如金。听着屏幕上闹钟滴滴答答地响，现在的小彭头也不抬，甚至连老师走过他的身旁，他也毫不理会，生怕白白丢掉得Q币的机会。下课前，最先背过奖励题的学生中常常有小彭。

《花之歌》后面的奖励题"予独爱莲之出淤泥而不染，濯清涟而不妖"，出自周敦颐的《爱莲说》。下课前，奖励题展示环节，小彭把手举得老高，老师请他上前背诵。没想到，小彭把整篇的《爱莲说》背得滚瓜烂熟，丝毫不差，着实令人惊讶。本就知道小家伙酷爱古诗词，没想到背诵范围如此之广。为了鼓励他，孙老师直接奖励他5Q币，台上的小彭开心得手舞足蹈。

最重要的是，奖励题的背诵展示，让小彭养成了很强的时间观念。做事拖拖拉拉的毛病得到了很大的改善，现在他常常挂在嘴边的一句话便是："时间就是生命，时间就是Q币呀！"

零碎的时间很宝贵，但却容易丢弃。陆放翁有两句诗："呼童不应自生火，待饭未来还读书。"待饭未来的时候是颇难熬的，用以读书岂不甚妙？我们的时间往往于不知不觉中被荒废掉。而习课堂，让孩子们学会了使用零碎的时间，极大增强了学生的时间观念。

管建刚： 奖励题好比一块木头，木头的功能和功效由使用者开发。奖励题让小彭有了时间观念虽是个案，却也足以说明奖励题的多重功能。

孙志颖：

管老师，每一天每一课背诵奖励题，让班级里的气氛变了。

3. 海量背诵，让学生溢满浓浓书卷气。

六（2）班的老白，典型的"马小跳"。整天东跑西逛，上蹿下跳，绝没有一刻停歇的时候，若让他静下来读读书、背背诗，那简直比登天还难。不过，这家伙视财如命，平日里把他的Q币看得紧紧的，生怕丢掉一张，造成经济损失。周五的Q币兑换，他更是望眼欲穿，怎奈自己囊中羞涩。为了赚得更多的Q币，在周五的兑换中能够买到自己心仪的物品，老白把"赚钱"的目光放在了奖励题上。用他自己的话说："任务单正确率百分百的钱有点难赚，我还是把目光放远一点吧！"

清晨，孙老师来到教室。此时教室里的人寥寥无几。老白早早到校了，他双手捧着任务单，摇头晃脑地背着："先天下之忧而忧，后天下之乐而乐。"孙老师走过去打趣道："你不是最烦读书背诵吗？怎么来这么早背书了？"他歪着脑袋说："我跟朱瀚麟这超级大富豪比起来，赚得Q币太少了。他们还取笑我是辛苦的打工人。哎，人没钱，就没底气。我得靠背诵奖励题多赚点Q币了！"哈哈，这家伙的经济算盘打得响，以后做生意一准儿差不了。

奖励题的背诵环节，孙老师特意喊了老白的名字。他站起身，声如洪钟："居庙堂之高则忧其民，处江湖之远则忧其君……微斯人，吾谁与归？"背诵如此顺畅，孙老师笑眯眯地给老白颁发了Q币。为了激发老白的背诵热情，孙老师和老白事先约定，若能够背诵整篇，便奖励他10Q币巨款。

为了获取Q币，老白也是真够拼的。现在，楼道里很少再看到他如闪电般狂奔的身影，他常常一个人捂着耳朵，叽里呱啦地沉浸在自我背诵的世界里。自此，奖励题的背诵展示环节，总能看到老白一本正经背诵的场景，这也让他赚得盆满钵满，一跃跻身班中Q币富豪榜的行列。

现在，每天背诵奖励题，已成了老白的必备功课。前两天，老白的妈妈与孙老师聊天，话语中带着明显的惊喜："孙老师，这孩子现在说话文绉绉的，像换了一个人似的。昨天晚餐，我说妈妈不爱吃香菜，这碗带香菜的面条你吃吧！谁知这小子一歪头给我来了一句'己所不欲，勿施于人'。现在，每天晚上也不捧着手机玩'狼人杀'了，成天拖着我和他爸听他背《出师表》《岳阳楼记》……这家伙怎么突然开窍了呢？"

奖励题让班里的学生爱上读书，爱上背诵，教室溢满了浓浓的书卷气。

六年级的学生，对课外积累的需求量越来越大，而我们正经历着教育的重大改革。"双减"政策正在大刀阔斧、如火如荼地进行着，唯一可以肯定的是，无论如何改革，对于语文学习乃至人的一生来说，"积累"都是多多益善的！使用上述的方法保证全员的参与度以及内容的普遍掌握率，但是总觉得奖励题这一块还是有文章可做的。于是，高年级的老师又给学有余力的孩子架设了这样一个平台：如果你热爱国学，那么推荐你根据任务单奖励题的选录语句，找到原文来阅读并背诵，如有背过全文者，可面向全班进行背诵，背诵无误者可得到10Q币奖励。

这个消息一经宣布，受众群体马上就有了反应，班中的学霸互相遥遥对望几眼，眼底有光芒闪过，那是自信的光，那是好胜的光。

管建刚："双减"要求"小学生在校内基本完成书面作业，初中生在校内完成大部分书面作业"。抄写要，默写要，课文后的习题要，配套的练习册上的习题要，书面作业怎么能不出校门？关键要提高课堂效益，习课堂提出"刚需作业不出课堂"，书面作业成为当堂巩固、当堂检测、当堂反馈的手段。书面作业的负担通过课堂改革解决，学生的语文积累、语文素养非但不"减"，还能"增"。孙老师，您和您的团队用奖励题撬动了"减负增效"这个大球！

第十章

对谈习课堂复习

一、日常复习三法

管建刚： 习课堂上做了任务单，还需要抄写词语、默写词语吗？遗忘是人的基本能力。遗忘能力也是人类幸福的基本能力，如果没有遗忘，所有的不安、委屈、痛苦和仇恨堆积起来能把人折腾死。人，还是有遗忘的本领比较好。所以，巩固与复习也成了逃不掉、绕不开的事。

王佳：

一线老师都把期末复习称作"至暗时刻"，老师累，学生也累。

首先，时间紧。期末复习一般两周左右的时间，扣除双休日，加起来也就十多天。这十多天里，每一个单元的词语要默，背诵部分要默，习课堂"复习任务单"要一单元一单元跟上，历年的期末试卷总要做几张，教研组长给的资料还要做一点。刚开始，也许复习还能按部就班，到后面怎么也来不及了，学生来不及做，老师来不及批、来不及讲。"来不及"成了复习阶段的高频词。

其次，杂事多。语文老师大多是班主任，期末阶段各种事一波一波地涌上来。你还在批作业呢，通知年度考核材料要上交了，"七认真"要检查了，班主任工作手册还没填写，延时收费要核对，疫苗接种要统计……

如果"复习"只需期末两周集中突击，那老师大概率会很囧。做任何事情，把重心放到最后，靠临时抱佛脚，有人偶尔买一张彩票中了千万，但99.99%的人没这么幸运。

管建刚： 王老师，怎么复习才能不"集中突击"，不"临时抱佛脚"呢？

王佳：

"习课堂"的关键词是"习"。"预习""新习""复习"，都是"习"的组成部分。无论知识、能力还是习惯，都需要反复"习"。当天学了，当天要"习"；今天"习"了，明天还要"习"。孔子说"学而时习之"，"习"就是要"时习"，要"反复习"，如此，知识才能扎实，能力才能形成，习惯才能养成。所以，复习应该是贯穿整个教学的事情。

艾宾浩斯遗忘曲线告诉我们，遗忘"先快后慢"。新知学习的开始，就是快速遗忘的开始。长时间后再复习，那时的复习几乎等于重学一遍。怎么办？我有三招。

1. 一课一复习。学了就复习，不用整块时间，三五分钟即可，不占用语文课，随机、随时。每上完一篇课文，即学生完成了课文任务单，我都会整理出这一课的"知识任务单"，以"读＋习"的任务模式编排。知识点转成PPT（word截屏可以轻松搞定），学生照着PPT读背"知识点"，随后要"习"，只有每个学生都写下来，才能确保复习的整体质量。一个班的教学质量是看全体学生，不只是看尖子生，复习也要牢牢抓住习课堂的关键词——每一个。朗读、背诵，也要一课一复习。学生读背有三种反馈方式：一、学生当堂读背，教师不停脚步，俯下身子倾听学生的读背；二、批阅学生的任务单；三、学生在你眼皮底下逐一过关。前两种方式课上完成，第三种学校里没有时间，我布置回家作业，学生用"钉钉"发送朗读音频和背诵视频，逐一过关。我会留意读背中疙瘩的地方，有差错的地方，整理进"知识任务单"中。

2. 一单元一复习。本单元"知识任务单"中的知识点打印后发给学生，学生回家巩固。每个单元的知识点，我用一课时当堂复习，同样以习课堂"读+习"的学习模式进行。先完成词语、背诵部分的读、背、默，再完成课文知识点的复习。单元复习，我不再用报词语的方式默写，而是把词语做成"看拼音写词语"（网上有软件，很方便），放进"知识任务单"中。

3. 边进边退复习。每个单元，学生即使"一课一复习""一单元一复习"，学习新单元后，之前的内容还是会有遗忘。学第二单元，开始遗忘第一单元；学第三单元，开始遗忘第二、第一单元……怎么办？既然会忘，那学新单元时再退回去复习旧内容，边进边退就不容易忘了。学第二单元不仅要复习第二单元，还要后退一点，复习第一单元，学第三单元复习第二单元，第四单元学完要期中检测了，此时集中复习前四单元。

时间哪里来？早读花5分钟复习，能巩固不少知识点。默写词语和段落，学生速度有快有慢，先完成的不能干坐着，可以复习上一单元的知识点，这就是习课堂的"零碎时间"的使用啊。当天布置本单元的复习回家作业，提醒学生别着急，复习本单元前花5分钟复习上一单元的……一会儿3分钟，一会儿5分钟，习课堂告诉我们零碎时间用起来了，可以有整块、整片的收获。

因为平时及时整理，学生每个单元的"错误大数据"都在手里。这些"错误大数据"要经常复习巩固。默写第二单元词语，别忘了加几个第一单元的易错字，老师的嘴巴别闲着，边默边提醒："柔软的'柔'要注意什么呀？""'船'和'般'怎么区别啊？"读背第三单元知识点中的比喻句后，可以让学生再背第二单元的，当前这一课复习结束了，别急着关知识点PPT，再花3分钟，翻出上一单元的知识点PPT。错误有共性也有个性，要多提醒学生复习自己的错误。哪个字错了两次，就多比划哪个字；课文里的哪句话总读不顺，就专门读哪句话；哪个知识点总是漏一两个关键词，就闭着眼多背几遍关键词……

管建刚："一课一复习""一单元一复习""边进边退复习"，这里面蕴含了两个复习原则：一为及时复习，越及时效果越好；二为分散复习，越分散效果越好。复习好比喝酒，每天喝一点有益身体健康，平时不喝，期末狂喝，有害身体。

二、单元复习任务单

王佳：

习课堂配套的"单元复习任务单"，每单元有两课时，我放在期末总复习时用。用前要做两件事。

一要做一做。每一张"复习任务单"，我都先做一遍，看看自己花多少时间，再估计学生的完成时间。先做一遍还能了解习题的难易程度，老师对于任务二、任务四的习题成竹在胸了，才能更好地指导任务一和任务三的"读"，这跟"课文任务单"完全一致。如，任务二中要写"舞蹈"，笔顺和笔画都容易错，那在"读"时就要多提醒了；AABC、ABAC 式的词语要各写三个，那在"读"时不要一掠而过，多给一些时间。

二要想一想。做"复习任务单"，我们班几乎没人超时，提前 5 分钟、10 分钟是常事儿。不是"复习任务单"太简单，而是一课一复习、一单元一复习，到期末的"单元复习任务单"，已经好多轮复习了，时间多出来也正常。多出来的 5 分多钟怎么用？以我教的三年级为例：(1) 当堂批改。期末复习，语文老师忙这忙那的，当堂批改可以给自己减负。先给学生排个座次，后进生可以单独坐一排，优等生分散在剩余各组。课上，优等生做得快，我每组批一位优等生的任务单，然后由优等生批自己小组的客观题，我再重点批后进生的。(2) 分类而治。速度快的学生，多出来的时间还可用来自主复习。日常复习中，我都让学生在"知识任务单"上做好记号，学生对不熟练的、还没复习到的，一目了然，从而快速进入自主复习。速度慢的，由我重点关注，批批作业，听听读背等。

课上完成任务单后多出的 5 分钟，如果老师临时决定自主复习，学生翻箱倒柜找"知识任务单"，乱糟糟不说，多的时间都花在找东西上了。提前想好，有"备"才能无"患"，把效率最大化。

管建刚：有老师会说，小学三年级的题目有什么难的，有必要做吗？真有必要。一年级都有必要。识字写字是一年级的重头戏，听课时我们常发现老师的笔顺都是错的。小学教育是基础教育，可是基础教育时常丢了"基础"，老师丢了基础，如备课备朗读、备课备做习题；学生也丢了基础，如一边抄一边记、一边读一边记。基础没了，根本没了，整天还很忙，那很可怕。

三、知识任务单

王佳：

语文学科的知识点繁多，分散在课文、"语文园地"、"快乐读书吧"，甚至在"单元导语"中。

习课堂有"课文任务单""语文园地任务单""单元复习任务单"，现在又有了"单元作文任务单"，任务单是习课堂最具代表性的工具之一。课堂上，学生读背什么就写什么，在任务驱动下"习"得扎扎实实。期末复习，老师在基础知识的巩固上花的时间最多，每个单元的看拼音写词语，背诵段落的背与默，还有多音字、课文知识点的读背等，我们老师常说"死分数"都拿不到高分，基本算死定了。我想到了整理"知识任务单"，把散落的知识点集中起来，也让学生在"任务驱动"下完成。

知识点的选择主要从每课任务单中来，也参考了教参和当地期末考试题型。"知识任务单"主要有以下内容。

1. 词语词组。每课任务单上要求学生会写的词语，我都一个不落地记录在"知识任务单"上。语文书后面的词语表都要放进去。

2. 易错字。易错字的选择，从学生日常默写中的错误来。平时批改默写时，要留心易错字，做个记号，制作"知识任务单"就方便了。易错字以"提醒"的方式记录，后面加一句学生一读就懂的小提示，如："演，别忘了中间有一横！""琴，没有点！"

3. 字音。"课文任务单"的字音收集很全面，这些都要全部记下来。另外，平时也要多留意，把学生在朗读课文中容易读错的地方，归进"知识任务单"中。

4. 课文知识点。"课文任务单"、测试卷中的课文知识点，都以题目的形式出现，做进"知识任务单"可以去掉提问。"以下哪句的修辞方法与另外三句不同"之类的选择题，直接把比喻句、拟人句写进知识单，如：比喻句——微风吹来，沙沙的竹叶声，如同温柔的细语。

"知识任务单"用 word 制作，上完一课制作一课。word 能随时增删。教学中，发现哪里遗漏了，随时添加；发现哪里重复，及时删除。也便于保存，这一轮使用了，下一轮教材一般不会有大改变，增增减减还能更好地用。

管建刚： 王老师，我有一个疑惑，习课堂已经研发了"课文任务单"，每个单元也有"单元复习任务单"，您为什么还要整理"知识任务单"呢？

王佳：

管老师，"知识任务单"脱胎于"课文任务单"，呈现形式不同而已。"知识任务单"中绝大部分的知识点，都从"课文任务单"中整理来，只要是"课文任务单"中有的知识点，几乎都整理进了"知识任务单"。为什么要做这件事？因为期末复习阶段特别忙，也特别"盲"，忙在知识点纷繁复杂，盲在无从着手。

这么多知识点分散在每一篇课文的角落里，每一张"课文任务单"里，想想就无从下手。有了"知识任务单"就不一样了，从字词、读音、句子等，本单元的基础知识点一一罗列，同样以"读＋习"的任务模式编排，每个单元 1 张，一共 8 张，学生复习起来就更方便了。复习阶段，时间是最大的筹码啊。

习课堂"课文任务单"和"单元复习任务单"上的习题比较综合。一道考查"读音"的选择题，复习时可以把四个选项的正确读音都读一读，可总比不上把一个单元的字词读音放在一起做个大梳理来得直截了当，节省时间。期末复习的时间是个宝啊。复习时，学生一页一页地翻"课文任务单"也很花时间。习课堂讲究效率，这方面浪费时间太可惜了，把知识点整理到"一张"上，就能解决这个问题。

"知识任务单"也是"错误收集单"。比如，这一单元哪些字词容易默错，我就整理进"易错字词"中，学生在日常练习中容易出错的题目，我也要求学生以知识点的形式记录。无论是学生还是老师，对于本单元的基础知识复习，有谱了！

四、专题任务单

王佳：

每到期末，教导处、教研组都会下发复习资料。学校发什么就做什么，别的班做什么就做什么……不分时间，不定题量，有题就做，那是典型的题海战术思维。就拿一张单元练习卷来说，哪怕最后一题作文不写，其他题目也需要 50 分钟，学生累，教师更累，一个班 50 份练习卷，语文老师要批半天，批得眼珠子都要"荡"出来了。

习课堂把每一课时按照"读＋习"分为 4 个任务，非常科学，学生既能保持不错的注意力，同时也大大减少了老师的批改任务。我参照习课堂把各种练习材料以"四任务"的形式，又整理了"专题任务单"。

根据什么来整理有效的"专题任务单"呢？

一要了解"考试"。现在，机械考查基础知识已不多了。翻看近几年的期末卷、调研卷，单纯的"看拼音写词语"不见踪影，给出上半句让学生机械地填下半句也少了，取而代之的是在具体语境中灵活运用。基础知识的掌握很重要，但不能只抓基础知识。复习时，针对不同题型的解题练习也很重要。要着力关注近五年的期末试卷，总结题目的类型，归纳不同的能力点。这一点您也在《一线带班》第六章的第四点做了比较详细的阐述，我不再展开。感兴趣的老师要看看《一线带班》的这一点，真的十分重要。就拿上学期三年级的期末试卷来说，"积累与运用" 56 分，"阅读与理解" 19 分，"习作" 25 分。语用能力是本次考试的重点，这需要学生有较扎实的基础知识，同时对阅读能力，理解能力，提取信息、选择运用的能力，提出了特别高的要求。

二要了解"班级"。在答题方面，不同年段的学生往往有共性的问题，也有个性的问题。平时的批改要多留意。批改是发现问题的好途径，也是最好的"备课"。是"根据情境完成练习"有问题，还是"仿写"句子错得多，或是作文审题时有偏题，要心中有数。

接下来可以带着目标寻找习题，制作"专题任务单"了。如，学生对于"根据课文内容填空"不熟练，就专门找这类题目。很多练习册有"分类练习"，从上面找会方便很多。一课时复习，我会选择不超25分钟的练习总量，分在任务二和任务四中。学生手边有现成的资料，那就在相应的题目序号上打钩，省去了打印的麻烦。没有现成的，我拍照转成文字或直接输入电脑，再打印给学生。任务一和任务三，以读答案、读方法为主。

管建刚： 习课堂任务单看似简单，开发起来非常耗时耗力。以您一人之力来编写"知识任务单""专题任务单"，行吗？

王佳：

这也不能称为编写，只能算是"整理"。

"整理"技术含量不高，只需要细致与全面。功夫在平时。到了期末再想到要去整理，那不成。平时教完一课，花10分钟整理一下知识点，一单元教完，"知识任务单"就有了。教完一单元，花30分钟整理一份"专题任务单"，到学期末就有8份了。工作分散在平时，在日常的备课、批改、讲评中，多留意多记录，做整理就方便多了。

这的确要花点时间，如果平时不及时整理，越到后面越觉得这是件异常吃力的事。我上小学时，记得老师都是用钢板、蜡纸，手写复习资料，那时候教辅资料少，老师们都是自己动手整理，现在有网络、电脑、复印机，已经比那时候方便多了。我也看到不少老师把网络上或者教辅材料上的资料一股脑儿地让学生读背，最多有点删减。其实这并不精准（这些资料往往太杂乱），可能轻松了自己，累了学生。我觉得，还是做点笨功夫吧，回到最朴素的原点，把学生需要掌握的知识点、能力点等，整理得全面些，好呈现一些，并且在日常的每一天，老老实实地做好准备。当然，这样的整理，可以同年级教研组合作，同习课堂实验班合作，效率就更高了。

管建刚： 习课堂认为功在平时，也就是我们说的"家常课"。王老师，您复习的准备功夫，也是功在平时！

王佳：

说到复习，大家肯定关注复习时间。习课堂也特别强调时间，时间几乎是效率的代名词。无论期中复习，还是期末复习，我都非常看重时间安排。

期中复习一周，以每天 2 课时计，一周 10 课时，我这么规划：4 个单元的"知识任务单"共 4 课时，"专题任务单"3 课时，剩余的 3 课时用来有效讲评、有效订正。复习作业的"最后一公里"一定要抓住，不然都是白忙活。

期末复习，我能拿出三周时间来，第一周专门用来复习后面的 4 个单元。时间规划和期中复习相同。细算一下，这一周结束我们已经领着学生对基础知识进行了 4 轮复习了，学生若没"熟透透"，还真说不过去。剩下两周，重点用好习课堂的"单元复习任务单"。两周共 20 课时，每个单元的"复习任务单"有 2 课时，8 个单元就有 16 课时。剩余 4 课时，有效讲评、有效订正。一线语文老师都明白，最后两周，我们一天不止 2 课时，除了课表上的课，还有中午看班、早读课、晚托等，复习时间一定够。

我还要再强调一下，最难的不是时间的规划，而是时间的落实。就拿我来说，有时候一个不小心话讲多了，规定时间里没有完成内容，就会影响接下来的时间安排。习课堂的"不讲或少讲"，真正做到，是需要下点功夫的。

五、复习加油站

管建刚： 期末复习，老师累，学生也不轻松，学生除了语文还有数学、英语，有的地区还要考科学，重负之下学生难免会有厌学情绪。

王佳：

听您的习课堂示范课，印象最深的是您会花大力气用在表扬上。"刘青扬自由读的声音响亮、流利。""熊美琳一开始读的声音很轻，后来越来越响！""张祖睿遇到不会读的马上问，点赞。"几乎每一个环节结束，您都会表扬一次。

开始我也学，后来不自觉地认为，老是表扬学生也该习以为常了，没必要了吧。结果遇到麻烦了。一堂复习课的精气神，跟老师的表扬的多少成正比。表扬少，课堂会闷；表扬多，课堂就活，哪怕这些表扬学生已经听了很多遍了。期末复习，学生不是做题就是订正，这时的表扬更必要，更重要。

习课堂复习课表扬什么呢？

一要表扬"好习惯"。

习课堂提出"抓习惯就是抓基础"，管老师，这句话让我重视起了"习惯"。日常的习课堂抓习惯，复习阶段我也抓习惯。

1. 抓"课前准备"。优等生，大概率会课前准备；后进生，大概率不会。预备铃响起，习惯好的学生左上角语文书，右上角敲章本，文具放中间，端正地坐好；习惯差的，正式铃响起，才从书包的角落找出书本。快的学生，3秒拿出复习任务单；慢的学生，别说3秒，3分钟也不行，不知道放哪里了。我要求，每位学生必须要有一个专门放语文复习资料的文件袋，装"知识任务单""专题任务单""复习任务单"还有"敲章本"。零散的材料要夹上夹子或者订书机订好。我们是上翻式课桌，要先上翻桌面再从书包里找，很费时。我又规定，每天到校后，要把书包里所有的东西全部排列整齐，放在桌肚里。

要计时训练。比如我说"拿出知识任务单"，按下计时器，等最后一位学生拿出后计时结束。大家惊讶地发现，最慢的学生17秒也能准备好。从预备铃响起到正式上课铃，中间有2分钟。2分钟里，快速扫描，表扬快速整理好的同学，见一个就敲上习课堂专用章。全班都准备好了，一个个敲章来不及，不敲又不好，就表扬一组："哇，这一组准备最快。"随即快速敲章。几个后进生还是不准备，我朝他们使眼色，一动起来便郑重地敲章。久而久之，不准备的也准备起来了。期末复习的时间宝贵，学生课前这个没准备好，那个慢吞吞的，一堂课5分钟就过去了，老师那个急啊。

2. 抓"边读边记""边抄边记"。习课堂注重课堂效率，那就不得不提"边读边记""边抄边记"。效率高，脑子活的孩子，读一遍抄一遍就记住，课后就轻松；效率低的，小和尚念经，滥竽充数，读了等于没读，抄了是白抄，大量时间用在订正上，得不偿失。期末复习，学生课上效率不高，课后估计也没多少时间能抓住，语数英老师都拼了命啊。

我们和学生专门讨论为什么有的读一遍就记住，有的读几遍还是记不住。

A说，因为他们读的时候很专心。B说，他们边读还边用手指比划。C说，他们还会加上动作，比如读多音字时，就用手指划不同声调的方向。D说，他们还会变换不同的音量和速度。我总结，要提高记忆的效率，就要多种感官同时运用，用眼睛看、嘴巴说，还要用肢体动作、想象等。后来，课堂上各种各样的"记"多了，只要是"读"，就会"指手画脚"一大片。"边抄边记"也要讨论。E学生默写词语错误较多，有人提建议：可以在易错字上圈画关键笔画，可以用红笔标注易错的地方，可以在旁边写个错别字提醒自己。自此，只要学生在抄写时用上类似方法的，我就表扬。E活学活用了，抄写时，这里的"丶"圈一下，那里的"丿"描一描，甚至还在"船"的旁边写上"不能写成'般'"。

3. 抓"零散时间"。不能让又快又好的学生干坐着浪费时间。习课堂任务单有"奖励题"，复习也有"奖励题"——复习上一单元的易错点，复习接下来要复习的内容。A来学校早，离早读还有10多分钟，他拿出"知识任务单"自己读背。我用手机拍下他专注的样子，投影在大屏幕上。10分钟里我一句话也没说，早来的学生都自觉地复习起来了。想当初，还要扯着嗓子提醒学生"快快快，早来的别浪费时间"。

二要表扬"自主复习"。

我下载了艾宾浩斯遗忘曲线的视频，学生一看就明白了，遗忘先快后慢，要及时复习。很多孩子回到家，复习这一单元的"知识任务单"，会花5分钟复习上一单元的易错点。当天布置自主复习，第二天要反馈。我问回家怎么复习呢？有的说，妈妈帮我打印了"看拼音写词语"，还给我批了；有的说，我边读边在不熟练的地方标注；有的说，爸爸给我抽背了……别小看这个反馈，既是复习方法总结，也是复习方法传播，还是表扬和激励。

每一次的"知识任务单"过关，我都会提前布置自主复习。"知识任务单"以电子稿的形式发到群里，很多家长会打印下来，提前让孩子完成。家里默写全对的，第二天在学校里过关，重复了。我规定，在家提前"过关"，错误率较少，且有家长签名，课上可以免写。课上干什么？可以提前复习下一单元的"知识任务单"，也允许看课外书。这也是激励，激励学生自主复习、提前复习。

三要表扬后进生。

学生与学生之间存在差距。学霸，课堂一遍过，之后不用多复习；后进生呢，踢一脚动一动，学习效率低。怎么办？

1. 降低标准。X记不住，别人边读边记默写一个不错，昨晚X妈妈已经帮着默了，第二天默还是要错十多个。别生气，告诉他订正时，用红笔圈画容易错的地方，等他按照老师的要求订正了，别忘了再给X敲个章。Y读书声小小的，嘴巴似张非张。不是不能出声，是他懒得动。这孩子还不能说，一说给你脸色看。别跟Y杠，见Y在读了，哪怕听不见声音，也把头凑过去："哇，读得真响亮。"随即敲个章。Z作文写不好，10分钟憋不出几个字。别叹气，来，把例文响亮地读3遍，选一段字数少的端正抄1遍，抄完赞："写得端正，敲章！"

2. 自我竞赛。后进生最大的难题在基础，读不流利背得磕绊，默写还错得离谱。怎么办？"自我竞赛"。《燕子》一课，要背三段，X一看就头疼，这么多不想背。我把X找来，允许一段一段地背，还让他自己决定每一段能错几处。X说，每一段最多错5处。5处就5处，我们拉钩。X一段段背，第一段没出错，剩下两段都在5处以内。我给X敲章，并且在X的语文书上郑重地写上了"5"。我说，要跟自己比，下次背书争取还是达到这个目标，保持住就是进步，少错一处是大大的进步。之后的背书，X没错过5处以上，背书积极性也高了。

管建刚： 我在《一线表扬学》中说：表扬不是万能的，没有表扬是万万不能的。复习阶段就是冲刺阶段，它比任何阶段都需要表扬和激励。表扬"习惯"，表扬"自主复习"，表扬"后进生"，您表扬在了关键点上！

六、复习关键词

王佳：

管老师，实践了习课堂，大大改善了我的复习状态，有这三个关键词，一直在我的脑海中挥之不去。

第一个：执行力。

您跟我们讲您夫人江老师的故事。江老师没有精彩的公开课，更没有像您那样一篇篇的好文章，但她所带班级成绩从来都是前三名。类似的故事同样发生在我母亲身上。我母亲也是一名语文老师，印象中，她所带的班级也从来没有跌出年级前三。母亲教龄40多年，我没见她写过论文，唯一有点规模的公开课，据说是当时几个村小的联合展示。母亲跟我讲，她上课紧张到冒汗。作为儿子的我展示课少说也是协作区的，市级课也有好多节，课上我从容自信，孩子们聚精会神，领导也竖起大拇指。就是这样的我，在期末考试上总抬不起头。母亲是一个勤奋踏实的人，学生背课文就是要一篇篇去她那过关的，默写就是要一个个去她那批改的。

做习课堂就是要这么扎实、这么踏实。如，做"复习任务单"，学生错误率较高，别这么轻易就过去了，找出原因，下一节课，下一张任务单要把这事儿解决了；如，学生订正马虎，上课订正玩着手里的橡皮，下课又东张西望抄答案，来，不跟你多废话了，在老师眼皮子底下写吧；如，这一课教完了，第二天该有10分钟的复习，可当天事多冲掉了，跳过？少复习一次也不要紧？不，这次跳过，下次还会跳过，久而久之，就会影响单元复习、期末复习……习课堂再好，没有执行力也枉然。

第二个：闲适感。

期末"七认真"检查，需要附上复习计划，有的老师从网上拉一份应付。检查不是错，错的是应付检查。计划本该有，没有计划，脚踩西瓜皮，滑到哪是哪，很可能滑着滑着，南辕北辙了。层出不穷的事务干扰着语文老师，"时间管理"就重要了，不然一定"忙盲不可终日"！

复习要"时间管理"，一课一复习、一单元一复习、专题复习、期中复习、期末复习……每一类复习，安排哪个时间段，安排哪些内容，老师要全局考虑。平时及时整理知识点，整理典型错题，整理优秀范例，一学期一学期地保存下来……这一系列成为一个"系统"，期末复习有底气了，别人忙，你却不"盲"，不就闲适了吗？

第三个：可持续。

以前期末考试一结束，我就发信息给家长："复习阶段，孩子用眼太厉害，假期里要减少使用电子产品，给眼睛一个修复期。"这话充斥着无奈。复习阶段，学生被语数英轮流"轰炸"，很多时候连下课休息都没有，冬天手脚冰冷，夏天一身汗味，坐在教室里刷题。想想真是心酸。

习课堂的复习，我们不止于知识的巩固，更注重孩子习惯的培养；我们没有简单粗暴的命令，有的是永不消逝的激励。习课堂的复习，从学期初就开始了，庞大的任务分散到了整个学期，期末，孩子们的双眸依旧明亮……这些，是真正的可持续发展，也是习课堂理念的价值所在。

管建刚：王老师，这既是期末复习的三个关键词，也是日常课堂的三个关键词，还是我们人生的三个关键词。谁拥有了这三个关键词，谁的期末就不慌，谁的课堂就不慌，谁的人生就不慌！

附

对谈习课堂蝶变

一、从"讲问"到"读写"

管建刚： 习课堂有一个现象，新教师比老教师掌握起来更快，实践起来更彻底，效果也更出众。老教师有经验，却也会掉落经验的陷阱，这就是著名的"手表定律"。潘老师您教书 38 年，在您从教 35 年后接触到习课堂，义无反顾地实践习课堂，究竟是什么让您有如此非凡的决心和勇气？

潘非凡：

管老师，不瞒您说，2019 年是我的"高光"年。这一年，出版了一本书——《作文：教在"学"的起点》；这一年，到昆明、成都、长沙、佛山上作文课、做作文讲座；这一年，成立了潘非凡名师工作室。2020 年上学期，我们班的期末成绩倒数第一，犹如冬天里给泼浇了一盆凉水，从头冷到脚。教学成绩上不去，一切都是浮云。这年暑假，阴霾一直笼罩在我的心头，过得很不痛快。

管老师，听您讲座，您抛出一个问题："40 分钟，你提多少问题？"后面给老师提供了 4 个选项：10、30、50、80。我心里的答案是 30—50 个。您给我们揭开了谜底：一线老师的一节语文课上至少提问80次。我不相信，40分钟，哪有那么多问题？

耳听为虚，眼见为实。在学校听了一节公开课。我打"正"字统计课堂上提了多少问题。结果令我吃惊：一共提了82个问题。学习课文3—6自然段，老师提出了两个大问题：父亲是怎样观察发现鸟的？"我"的反应又是怎样的？两个大问题后面又有N个小问题。如：

"林子里有不少鸟。"父亲喃喃着。

老师问："'喃喃'换个词可以吗？（嚷嚷）"

学生回答："不可以。"

老师问："为什么不可以换？"

学生回答："'喃喃'是小声说。'嚷嚷'是大声说。"

老师问："从这里可以看出这是一位怎样的父亲？"

学生回答："爱鸟的父亲。"

老师问："'我'的表现呢？"

学生回答："我茫茫然地望着凝神静气的像树一样兀立的父亲。"

"为什么'茫茫然'？"这里老师连续追问了四次，学生连猜带蒙地回答。终于得到老师要的板书答案——父亲：发现鸟、闻鸟味、知鸟歌、为鸟忧；我：茫茫然。

这还是一节经过年级组老师集体备课、专家精心指导、执教老师多次试教的课。用平时惯用的公开课的标准来衡量，这是一节比较成功的公开课。起承转合，行云流水，滴水不漏，看不出什么破绽，也说不出精彩在哪里。但，只要用习课堂的理念看这节课，我真的有点"茫茫然"了，40分钟时间提问82次！

我又听了一节推门课。还是打"正"字，前后一共提了140多个问题。老师的口头禅"对吧？""是不是？""对不对？"老师一问到底，重复追问；学生云里雾里，不知所措。我为她着急，希望早点下课。

两位老师的课堂，不就是我的影子吗？我不也这样教的吗？总担心学生不会，讲讲讲，问问问，管不住自己的嘴，控制不了教的欲望。那天，我写下自己的反思：再也不能这样"教"！一定要把课堂还给学生！

现实告诉我们，老师问得那么多，回答问题的往往就是那么几个优生，沉默的是大多数。老师讲得唾沫横飞，天花乱坠，那是老师的一厢情愿，沉默的大多数无事可干，开着各种老师看得见和看不见的小差。一篇课文两节课下来，不少学生课文没读熟，课文没背出来，词语也没有抄过默过。基础不牢，地动山摇。怪不得我的班级考了倒数第一。

2020年秋，我在"家常课"公众号下载教师版任务单、学生版任务单以及配套的PPT。先入格，不出格，严格执行习课堂的教学流程，课堂上"管住嘴，迈开腿"。"管住嘴"，尽量当报幕员，70%的时间让学生读与写。"迈开腿"，走到学生中去，切实关注学情。一个多月的训练，师生配合默契，可以完成4个任务。期中考试到了，我们班考了全年级第一名。学生开心，家长放心，同行吃惊。我有感而发，写了《习课堂，让我一雪前耻》，实践习课堂的信心也更足了。

管建刚： 能力不是听出来的，也不是问出来的，而是"习"出来的。把课堂还给学生，就是把课堂时间还给每一个学生，让每一个学生不断进行语文实践活动。"听说读写"这四个基本能力中，"听说"是所有学科的基本能力，数学要"听说"，英语要"听说"，美术要"听说"……"读写"是语文学科的核心能力。语文课的变革，一定要把"讲问课"变成"读写课"。语文能力怎么来的？多读多写嘛。

二、从"批评"到"激励"

管建刚： 听说那年您班上的小曾同学期末只考了5分，你们班上还有连老妈都气得要吐血的上官同学。一线老师对班上的超级学困生、超级捣蛋生，头疼不已，又束手无策。习课堂后，这两个学生您是怎么"制服"他们的？

潘非凡：

管老师，提起那个小曾，真是恨得牙痒痒。四年级下学期期末考试，他才考了5分，5分！全班平均分被他一个人拉下了那么多！本来又可以考第一名，就是因为他拖了后腿，害得我们才得了第三名。

小曾长得像《小兵张嘎》里的"胖墩"，傻大黑粗，气壮如牛。上课，要么打瞌睡，要么开小差，要么惹同桌。课间，横冲直撞，大喊大叫，一身臭汗。作业，要么一片空白，要么短斤少两，要么无法辨认。

课上他又在玩"飞碟"。怒从心头起，恶向胆边生，我一把夺过他的"飞碟"，咬牙切齿地说："一粒老鼠屎，糟蹋一锅粥""死猪不怕开水烫"。话都说到这份上了，小曾依然无动于衷，板着面孔，怒目而视。

康德说"生气，是拿别人的错误惩罚自己"，我想到了习课堂的关键词之一——课堂激励。我想用这一招试一试，看看能不能制服这个"恶魔"。请"习课堂激励印章"出马，请"习课堂Q币"出马。课上，小曾坐正了，盖章！读书了，盖章！抄写了，盖章！听写了，盖章！……印章越来越多，小曾总算在课堂上露出了那傻得可爱的微笑。

别想一劳永逸。又看见小曾开小差了，是暴风骤雨，还是春风化雨？我"欲擒故纵"，用习课堂的万能口号："说看小曾！"大家呼应："就看小曾！"他立马坐得笔直笔直！又给他盖一个章。每每发现小曾走神，都用这招，屡试不爽！口令，彻底管住了小曾的课堂恶习。每周五，3个奖章兑换1Q币，获得Q币的他，存在感大增。期中考试前，我对他说："只要你考20分，就奖你一本管建刚老师写的《胖头鼠之辣条迷踪案》。"重赏之下必有勇夫！这次期中考试他竟然考了25分，我班平均分名列年级第二，及格率、优良率均是年级第一。我也真的奖了一本书给他。从此，我们之间的坚冰融化了。一下课，他就来到我身边："老P！老P！要擦黑板吗？"只要一挥手，黑板立马被擦得干干净净。路上遇到我，大声地呼唤："老P！老P！"那个亲热！

上官长得白白净净，戴着一副黑框小眼镜。他有两大毛病，一是上课老怪叫"咦——"，二是上课坐立不安。用他妈妈的话说："在家里，被他气得吐血！"我也是被他气得暴跳如雷。站了，敲了，没过三分钟，旧病又复发。习课堂口令："说坐正！"大家回应："就坐正！"也许条件反射，上官真的坐正了。立即表扬："上官坐姿特别好，人都变得帅气了。"给他重重地盖上一个印章。印章，成了管理上官的法宝。

习课堂上，我忙着表扬，表扬到具体的人的具体行为。"邓震储，你是小小书法家，老师都没有你写得漂亮！""彭子晗，你想象力真丰富，未来的刘慈欣！""毕雨晴，读书的声音真好听，是未来的龙洋！"……我忙着盖章，东奔西跑，一节课下来，累得汗涔涔。学生春风得意，教师乐此不疲。获得 50Q 币，奖励管建刚老师的书——《胖头鼠之辣条迷踪案》；获得 100Q 币，奖励潘老师的两本书——《一起写作》《作文：教在"学"的起点》。获得奖励的学生，我在班级微信群里发嘉奖令，学生捧着那本书和老师合影留念。幸福了学生，幸福了家长，当然也幸福了我自己。获得嘉奖令的学生，回家父母又颁奖。怪不得吴思成在作文中写道："潘老师奖励我一本书，妈妈奖励我吃烤全羊。获得双重奖励，我是多么开心啊！"

我还把习课堂的课堂激励用到每周五的读《班级作文周报》中。在班报上发表作品的学生奖励 1 个印章；每期评五个"美文奖"，获得"美文奖"的学生奖励 1Q 币；有五篇或四篇文章被评为美文的学生同样奖励 1Q 币。获得"美文奖""读报奖"的学生捧着 Q 币合影留念，多么激动！多么得意！潘文涛的《妈妈，您儿子出息了》结尾："我拿着 3Q 币，自豪地走上了讲台。拍完照下来，我干的第一件事，就是仰天狂吼：'妈妈，您儿子出息了！'"

印章、Q 币、书籍、表扬的激励，课堂纪律好了，学习状态紧了，学习成绩自然好了。

管建刚： 优秀不是"教"出来的，优秀是学生自己"习"出来的。老师最要做的事情不是"教"，而是让学生心甘情愿地去"习"。怎么做到这一点？习课堂强调课堂组织、课堂管理、课堂激励。课堂激励，是每一位老师的教学基本功。亲其师信其道。学生亲你才会信你。学生信你了，一切都简单了。怎么让学生亲你？很简单，见了他就夸，他一定亲近你。

三、从"说教"到"示范"

管建刚： 习课堂激励让小曾、上官这样的"顽石"也"点头"。潘老师，我们再聊聊习课堂示范。

潘非凡：

篮球教练示范打球，射击教练示范射箭，游泳教练示范游泳。这是天经地义的事！音乐老师示范唱歌，美术老师示范画画，体育老师示范做操。这是理所当然的事！语文老师示范写字、朗读、作文，这是义不容辞的事！

平时，我们总说"中国人写好中国字""提笔即练字""字如其人"，学生听得耳朵都起茧了，却依然无动于衷，我行我素。"喊破嗓子，不如做个样子"，习课堂上，我用"示范"和"激励"破解了这个难题。

习课堂的备课要求，读课文录音，自己认真做一遍任务单上的习题。哪怕是任务单上的抄写，我也一笔一画、工工整整地写好每一个字。然后，把自己的作业展示给学生看，学生刮目相看，学有榜样啊。习课堂上，老师有了充分的管理的时间、巡视的时间，也有了充足的示范的时间，看到学生写得不规范的字，马上"一对一"辅导，讲清楚不规范的原因，结构不行还是大小有问题，然后在旁边写一个规范的字，供学生模仿。看到写得又快又好的同学，及时盖章。书写有进步的同学，同样盖章。为了提高写字的速度，作业时我还和学生在单位时间内进行书写比赛，获得优胜的学生指名表扬。如此这般，班上连空气都是认真的。

我们时常要求学生正确、流利、有感情地朗读课文。我问自己，你做到了吗？"衣带渐宽终不悔，为伊消得人憔悴"，为了读好课文，可谓煞费苦心。每教一篇新的课文，我要求自己这个有了三十多年教龄的老教师至少要大声读两遍。难读的文段，如《鸟的天堂》第8自然段："榕树正在茂盛的时期，好像把它的全部生命力展示给我们看。那么多的绿叶，一簇堆在另一簇上面，不留一点儿缝隙。那翠绿的颜色，明亮地照耀着我们的眼睛，似乎每一片绿叶上都有一个新的生命在颤动。这美丽的南国的树！"要求读出赞美的语气。我范读加手势，指挥"堆"读得重些，"明亮""照耀""颤动"读得响亮些。"这美丽的南国的树！"读得柔一些，缓一些。在我的示范下，学生朗读这一段，拿腔捏调的少了，读出赞美之情的多了。

管老师，我年纪大，普通话不好。为了读好课文，我下载"赣教云"的朗读视频，拜"赣教云"的朗读者为师。课前反复听，反复跟读，读到满意为止。课上把学到的真功夫示范给学生听,这帮小 P 孩被我这个老 P 折服了!

我们还会要求学生作文要写出真情实感。每次的习课堂写话,我都在课前写好下水文。如:仿照《四季之美》第 2—3 自然段,用动静结合的手法写一写春天的景致。"春天最美是花园。鲜艳的桃花固然美,万紫千红的花园,有无数的蝴蝶翩翩起舞。即使下起了蒙蒙细雨,也有一只两只蜜蜂还在忙着采蜜。这情景着实迷人。"讲评任务单我给学生读自己的下水文,学生听得特别认真,学得特别专心。

管建刚: 我看到一道题目,题干这么写:在被调查的 200 名学生中,有 40 人最喜欢学语文,60 人最喜欢学数学,80 人最喜欢学外语……你看,给全国各地学生做的题目里的数据,都写喜欢语文的最少。为什么?数学老师能给学生示范每一道题的解法,英语老师每天都要示范读单词、读课文,唯有语文老师很少给学生示范朗读、示范写字、示范作文。字没有学生写得好,课文没学生读得好,作文没有学生写得好的语文老师不在少数。语文老师的语文能力重于语文教学能力。潘老师,还是您刚才说过的那句话,"喊破嗓子,不如做个样子"。

四、从"冷冰"到"温情"

潘非凡:

以往我信奉"教不严,师之惰",课堂管理坐姿十六字方针:左手在上,右手在下,身体挺直,目视前方。同学们表面很平静,内心却把我当作"老魔头"!

管建刚: 没有秩序,一片乱糟糟,何来效益?秩序来自管理。习课堂的课堂组织、课堂管理,习课堂的课堂管理口令、课堂管理手势,都是为了建立课堂秩序。然而这是不够的,还需要课堂激励、课堂亲和力、课堂感染力,从而达到英国的列侬校长说的"铁手套里温暖的手"。

潘非凡:

"铁手套里温暖的手",一语惊醒梦中人!尽管快退休了,然而我还是要用"温暖的手"把"老魔头"的帽子摘掉。

第一招，和学生握手。

习课堂上朗读文段，读了一遍，学生伸出食指；读了两遍，学生伸出食指和中指；读了三遍，学生伸出中指、无名指、小拇指；读了四遍，学生伸出食指、中指、无名指、小拇指；读了五遍，学生伸出五根手指。老师就是那个握手的人，从前到后，从左到右，握手不停。握到冰凉的手指，我就多握一会儿；握到晃动的手指，我会紧紧地握一下；握到笔直的手指，我会轻轻地握一下。

握手，也可以握出温度、温暖、温情。

柳雨芊在"百字新事"中写道："我看到老Ｐ跑过来要和我握手，我的手指一直是冰凉冰凉的，担心冰到了老Ｐ，想把手指藏起来。没有想到老Ｐ好像知道了我的小心思，握着我冰凉的食指，久久不放。老Ｐ微笑着看着我，我害羞地看着老Ｐ。那一刻，手指上的一股暖流传遍了我的全身。"

邓国宏在"百字新事"中写道："我伸出食指和中指，不停地晃动着，巴不得老Ｐ早点看到我的手指，只见老Ｐ直奔我来，紧紧地握着我的手，还晃动了几下。我读懂了老Ｐ用意：警告我别太嘚瑟。"

一向内向腼腆的左艺涵在"百字新事"中写道："我刚好读完一遍，立即竖起食指，老Ｐ火眼金睛，飞快地来到我身边，右手轻轻地握着我的食指，左手还竖起大拇指向我祝贺，我在心里偷着乐呢！"

第二招，跟学生击掌。

词语抄写漂亮，和学生击击掌；任务二、任务四答案正确，和学生击击掌；写话练习生动具体，和学生击击掌。有时重，有时轻，有时快，有时慢。和学生击击掌，同样也可以击出"火花"。

胡梓童是班上的小小"书法家"，每次抄写词语，犹如印刷体。每次来到他身边，重重地给他盖章，轻快地和他击击掌。每次击掌后，都会朝我投来幸福的目光。那一刻，我也觉得自己是个幸福的老师。

夏馨语做《将相和》第一课时任务四，思维导图，精准填写。我给她盖章后，我们"啪"的一声击了一个响掌。她妈妈发来微信："潘老师，夏馨语说，您今天和她击掌了，她越来越喜欢上您的课了。"

《猎人海力布》第二课时任务四，提炼要点，写话练笔。根据课文内容，为那块叫"海力布"的石头写一段话，简要介绍它的来历。金雅悦写得出彩，讲评任务单时请金雅悦上台朗读作品。读完后，"啪、啪、啪"我们快乐地击了三下掌。全班同学都被我们逗乐了！

第三招，对学生微笑。

习课堂要求老师有亲和力。上次，管老师你说的小许老师，为了学会微笑，含着筷子练微笑，练就了像空姐一样的微笑肌。对我的触动很大。我不是含着筷子练微笑，而是对着镜子练微笑，天天练微笑，练出自己的微笑肌。

我把微笑带进课堂，看着学生就好像看到了美食、美景，微笑发自内心，自然流露。课堂上，哪怕遇到开小差的学生，我也是脸带微笑地看着他。艾俊泽同学又在玩矿泉水瓶盖子，我慢慢地走过去，蹲下身来，微笑着看着他。艾俊泽看着我，赶紧停下，又害怕又害羞地笑了笑，脸一下子红到耳根。全班同学都哈哈大笑起来。

第四招，向学生弯腰。

习课堂，要求老师弯弯腰、蹲下来，和学生面对面、眼对眼，让学生体会到老师的一片真情。来自山东的朱瑀浩同学性格内向，沉默寡言。自由朗读《古人谈读书（一）》，我弯下腰、蹲下身，用心倾听他的朗读，向他跷起大拇指，朱瑀浩声音更响亮了。朗读结束，我热情评价：朱瑀浩不愧是山东人，普通话就是好嘛！鲍思涵在《"漫画"老师》中说，白白胖胖的老P总是笑眯眯地看着我们，活像一个笑口常开的弥勒佛。

微笑融洽了师生关系，我成了学生们心中的"老顽童"。每天放学，学生们快乐地和我挥手告别：老P，再见！

管建刚： 二战时期，德国纳粹抓了一名工艺高超的表匠，要求他专门为纳粹头子制作名表。无论表匠怎么用心，都做不出以往的水准。这是因为一个人在平静、稳定、欢愉的状态下，才能发挥出自己的最高水平，才有可能突破自己。课堂需要秩序，因为有了秩序可以带来平静和稳定，还需要课堂亲和力，因为亲和力会带来欢悦。有人说："教育不是狂风暴雨，教育是和风细雨。"从"冷冰"到"温情",一位即将退休的老教师,摘掉了"老魔头"的帽子,成了学生心目中的"老顽童",您带给我的不只是感动,而是震动。

五、从"主导"到"主体"

潘非凡:

"教师是主导,学生是主体"这句话我知道几十年了,然而两个"主",搞得我糊里糊涂的,究竟哪个为"主"?

接触习课堂后,我渐渐对这句话有了清晰的理解了。下面我以《最后一课》为例,也请管老师帮我把把脉。

那是一学期的最后一天,音体美停课,语数英老师协调上,下午第二节课的音乐课,班主任陆老师安排我上,我爽快地答应。

这段时间要么讲练习册,要么讲试卷,要么讲作文。教师讲得唾沫横飞,学生听得昏昏欲睡。老师们埋怨:皇上不急太监急!剃头担子一头热!

怎样上好最后一节课呢?我要玩点新花样,给学生留下难忘的印象。

我给这节课起了个好题目:读经典诗文,为梦想发声。

1. 让每一个孩子都有发声的机会。
2. 复习巩固这学期要背诵默写的内容。
3. 活跃课堂气氛,提高课堂效率。

请每个学生拿出语文书,翻到第一课,古诗三首。一个学生读诗题和作者,如"《四时田园杂兴(其三十一)》,宋,范成大",另一个同学接下去读第一句"昼出耘田夜绩麻",第三个同学朗读"村庄儿女各当家"……以此类推。

刚读完,程鑫阳高高地举起了手,我让他放下,他非常执拗,要求发言。"老师,你把'耘田'写成'耕田','桑荫'的'阴'没有草字头!"

我一看傻眼了,赶紧改正。我笑着对程鑫阳说:"一字千金,我欠你两千金!"程鑫阳咧开嘴笑了,乖乖地坐了下来。

一人读,全班听,太单调,甚至有人灵魂出窍。我改变方式,一人领读,全班跟读。学生们有事可做，没有一个走神的，个个神采飞扬。

读到《鸟鸣涧》，王一程同学来了个创意：一人读"人闲桂花落"，全班读"人闲桂花落"，他再来一个"桃花落"。以此类推，重读每句诗的后三个字，犹如有回声，节奏更鲜明。

金兵、金燕从来没有考过及格，总是考个二三十分。我听到沉默寡言的金兵大声地朗读"君子坦荡荡，小人长戚戚"，我立即给他竖起了大拇指，金兵朝我会心一笑。胆小的金燕温柔地朗读"儿应声答曰：'未闻孔雀是夫子家禽'"，我带领全班学生掌声鼓励。

20多分钟把下册语文书上要背诵和默写的内容读了一个遍。我顺水推舟，让大家翻开书123页——词语表，准许拍桌子，打节奏，每个词语朗读两遍。同学们个个充满激情，全身来劲，一边拍桌子，一边读词语。有的用手拍桌子，有的用书打桌子，有的用矿泉水瓶敲桌子。那一刻，每一个学生都在投入地学习。

还有10分钟，默写或抄写刚才朗读的诗文。现场批改，全对就可获得100分，潘老师的手写真迹。此言一出，学生们奋笔疾书。我边巡视，边批改。至少有三分之一的学生收获了我的手写真迹。

下课音乐响起，不知谁提出，潘老师给我签个名吧。一石激起千层浪，同学们纷纷要求签名。我先在讲台上签名，学生如潮水般涌过来，本子放到桌子上的，塞到我手上的，搁到我头顶的。

又有学生要求我在他们的语文书上签名。我只好拿着他们的书签名，实在挤得不行，就放在黑板上签名。这一下，我仿佛成了国际巨星。数学老师已经来教室很久了，我只好退出教室，和学生们挥手告别。

管建刚：潘老师，您的"最后一课"，正确处理了教师为"主导"、学生为"主体"的关系，70%的时间学生在读、背、写。教师"主导"，主要"导"的是"导向"，也就是课前出方案、出任务，课堂出组织、出管理、出激励、出示范；学生"主体"，主要是身"体"力"行"地去干，根据老师的方案、任务，努力地干，好好地干。本事不是"听"出来的，而是"干"出来的。只有把大量的课堂时间还给每一个学生去读、写、背，学生才会成为

"主体",才能成为一个有本事的人。

六、从"独行"到"众行"

管建刚：潘老师，不只是您在用习课堂，您女儿在用习课堂，您徒弟在用习课堂，您工作室成员在用习课堂，在您影响下，余江也有越来越多的老师认识习课堂，喜欢上了习课堂。

潘非凡：

2021年春季，我自费购买了60本学生版任务单。有了学生版任务单，有了习课堂印章，有了习课堂Q币，课上老师"管住嘴，迈开腿"，学生争分夺秒读背写，没有时间开小差，学习状态紧了，课堂效率高了。期末我们再次进入年级前三。我用干货再次证明：习课堂抓得住质量。

"一花独放不是春，百花齐放春满园。"我把工作室的8位成员一个一个拉进"习课堂实验班交流QQ群"，聆听了您的"习课堂十讲"，看了习课堂N个课例。把"家常课"公众号里推送的课例、论文、故事、反思发到朋友圈和"潘非凡工作室微信群"。年级组的老师和工作室的老师，都不知不觉地把习课堂的组织、管理、激励、示范、亲和力理念运用到自己的课堂。他们纷纷和我交流：上了习课堂，课堂纪律好了，开小差的少了，课堂效率高了。工作室的刘桂萍老师激动地说：我偷学了一个学期习课堂，六年级上学期竟然考了年级第一。

2021年10月，我给跟岗学习的老师上了一节示范课——《己亥杂诗》，按习课堂的要求：随时示范、表扬要多、口令灵活、微笑8次。精心备课，激情上课，达到了预期的效果。我分别听了三亚市第四小学蓝慧娇老师、雅安成实外附小易小洁老师、澄迈县和岭中心学校林炯梅老师每人2节视频课，并从体态得当、语言干净、组织到位、口号干净、随时激励、勤走动、勤回头、勤弯腰等方面做了评价。看到她们的进步，发自内心地高兴。

我邀请工作室成员听课，工作室成员吴玲洁老师说："这样的课我也能上！这样的课扎实高效！"

2021年11月，我和女儿同上一节课——《灰雀》，课前，父女精心研读《灰雀》任务单，一字一句地读好任务单。我先试教，课堂上，70％的时间让学生读背写，我真诚地表扬，用力地盖章。学生读得起劲，写得认真。课后，带班老师周美萍说，这节课的"读"与"习"关注到每个学生，没有一个开小差的，连班上的后进生S同学都学得很起劲。

下午，女儿在三年级组内试教。女儿的组织、管理、激励、示范、亲和力落实得非常到位，圆满地完成了教学任务。评课的时候，我对老师们说：小潘比老潘上得好！

周二下午第一节课，女儿面向全校开课，40分钟内，连奖励题都当场背诵了。德高望重的汪贤才老师如是说：我用"扎实、高效、常态"六个字来评价小潘老师的展示课。

我做了讲座《什么是习课堂？》。习课堂培养七个好习惯：1. 一边读一边记的习惯；2. 一边抄一边记的习惯；3. 正确流利读书的习惯；4. 限时独立作业的习惯；5. 会用零碎时间的习惯；6. 抗干扰的习惯；7. 课前准备、预习的习惯。习课堂的教学基本功：1. 课堂组织；2. 课堂管理；3. 课堂激励；4. 课堂示范；5. 课堂语言；6. 课堂亲和力；7. 课堂感染力。习课堂的目标：回家作业少一点，考试成绩好一点。实践证明：我做到了！

2021年12月2日，我写了《当好习课堂的"领头羊"》。一、领头听讲座；二、领头去听课；三、领头做实验；四、上好示范课；五、做好宣传员；六、领头写故事；七、领头做课题。您看后，立即回信："充满了感情，充满了信任，充满了力量，我很感动。"

2021年12月30日，习课堂又走进余江六小。我执教《我的"长生果"》，徒弟刘桂萍执教《书戴嵩画牛》，得到六小老师和校长的认可，那一刻，我是多么幸福。

管建刚： 一名即将退休的老教师，还在不断挑战自我，无论是教学理念还是教学方式发生一次又一次的蝶变，潘老师，请允许我代表习课堂团队向您表达由衷的敬意！

后记

限制与创造

习课堂研发了 1—6 年级的每一篇课文、每一个语文园、每一次单元作文的任务单，以及任务单的配套 PPT。

习课堂强调时间管理，于是提供了电子闹钟；习课堂强调课堂管理，于是研发了课堂管理口令、课堂管理手势、课堂激励印章和课堂管理 Q 币。

如此周到的服务，不免让人质疑：教师的主动性和创造性到哪里去了？

《家常课对谈》收录了我跟 11 位一线习课堂实验老师的谈话，我从他们的实践中得到了确认：教师的主动性和创造性不仅不会因限制而消失，还能诞生那么多惊喜的创造。

欣喜之际我也不免疑惑：习课堂所提供的帮助不可否认自带限制，为什么限制之下老师们还有如此蓬勃的创造力？

虎年的大年初一，张艺谋父女导演的电影《狙击手》上演。

《狙击手》的编剧是北京大学艺术学院的陈宇教授。陈宇教授在《主旋律电影我要怎么写？》中有一段话非常有意思：

"我认为艺术产生于限制，就像没有舞台和道具的限制，不可能产生戏剧艺术；没有不准说话的限制，不可能产生舞蹈艺术。"

不是限制本身让艺术消亡；恰恰是有了限制才产生艺术。

习课堂的课堂结构，习课堂的任务单，习课堂的课堂管理工具，这些"限制"，于普通老师是标准，帮助入轨；于不普通的老师，可以催生艺术和创造。

限于体积和移动，于是有了手机和手提电脑。

限于密度、功耗和体验，芯片从 28 纳米到 14 纳米到 7 纳米到 3 纳米。

所有的困境都是限制，所有的限制都是创造者的砥砺石。

感谢许玲燕老师，感谢钟少秀老师，感谢刘丹梅老师，感谢樊小园老师，感谢孙鹏老师，感谢梁迎春老师，感谢张登慧老师，感谢范天蓉老师，感谢孙志颖老师，感谢王佳老师，感谢潘非凡老师，你们用实践打碎了限制的魔咒——

心灵自由，一切限制都是浮云。

限制，从来只是躺平的人继续躺平的理由。

管建刚

2022 年春，阳光不期而至